Shega Behluli

Die Digitalisierung im Finanzsektor

Shega Behluli

Die Digitalisierung im Finanzsektor

Die Veränderung der Finanzbranche durch den technischen Umbruch

Lehrbuchverlag

Cover image: www.ingimage.com

Publisher:
Der Lehrbuchverlag
is a trademark of
Dodo Books Indian Ocean Ltd., member of the OmniScriptum S.R.L Publishing group
str. A.Russo 15, of. 61, Chisinau-2068, Republic of Moldova Europe
Printed at: see last page
ISBN: 978-620-0-44592-6

Inhaltsverzeichnis

Abbildungsverzeichnis

Abkürzungsverzeichnis / Glossar

AGFA	Apple, Google, Facebook und Amazon
AI	Artificial Intelligence
API	Application Programming Interface
B2B	Business to Business
B2C	Business to Consumer
DCM	Demand Chain Management
DSGVO	Datengrundschutzverordnung
ECM	Enterprise Content Management
EY	Ernst & Young
HCE	Host Card Emulation
IoT	Internet of Things
iOS	Internetwork Operating System
ISMS	Informationssicherheitsmanagementsystem
KI	Künstliche Intelligenz
M&A	Mergers & Acquisitions
MVP	Minimum Viable Product
NFC	Near Field Communication

Personenbezogene Bezeichnungen

Sämtliche personenbezogene Bezeichnungen in diesem Dokument sind geschlechts-neutral zu verstehen. Sie werden aus Gründen der Kürze und besseren Lesbarkeit verwendet und drücken damit keinerlei Geschlechterpräferenz aus.

Kurzfassung

Die vorliegende Arbeit bietet einen Überblick der Digitalisierung im Finanzsektor. Der Prozess des digitalen Wandels bringt in unterschiedlichen Branchen tiefgreifende Veränderung mit sich.
Zu diesen Branchen gehört auch der Finanzsektor und dessen Umfeld, welches von Niedrigzinsen geprägt ist. Die Digitalisierung hat große Auswirkungen auf die Strategie und deren Umsetzung sowie auf die Geschäftsmodelle der Banken. Neue Wettbewerber bieten Produkte und Dienstleistungen von modernster Internet-Technologie an. Daher sind auch wichtige Teile der Wertschöpfungskette der Banken bedroht. Die Aufgabe der Finanzinstitute ist die Adaption ihrer Geschäftsmodelle, um wettbewerbsfähig zu bleiben und um ihren Kunden ein postives Erlebnis zu ermöglichen. Neue Mitbewerber, wie zum Beispiel FinTechs und innovative Angebote, zwingen traditionelle Banken zum Umdenken. Mithilfe der Digitalisierung versuchen Banken insbesondere Routinevorgänge zu automatisieren und den Kundenservice zu verbessern.

Die Forschungsfrage beschäftigt sich mit der Veränderung der Finanzbranche durch den technischen Umbruch sowie mit der strategischen, organisatorischen und operativen Aufstellung von Finanzinstituten. Für die Untersuchung dieser Fragen wird die wissenschaftliche Arbeit zum Thema der Digitalisierung im Finanzsektor in vier Kapitel gegliedert. Als erstes werden begriffliche Abgrenzungen hinsichtlich der Digitalisierung näher erläutert, um einen Überblick zu diesem Thema zu schaffen. Nachdem die Begriffe definiert und differenziert wurden, wird in den einzelnen Abschnitten des dritten Kapitels auf die disruptiven Geschäftsmodelle durch die Digitalisierung eingegangen. Hier wird im Detail beschrieben, wie Finanzinstitute ihre digitale Strategie entwickeln müssen und wie diese im Unternehmen erfolgreich sowie systematisch eingeführt wird.
Des Weiteren setzt sich das dritte Kapitel mit den Chancen, Herausforderungen und den Erfolgsfaktoren für die Digitalisierung auseinander. Anschließend wird auf die bestehenden und neuen Finanzdienstleister, wie zum Beispiel die digitalen Hausbanken und die FinTechs, eingegangen. Dieses Kapitel beschäftigt sich mit den neuen Ansätzen in der Kundenbeziehung und mit der Kooperation der Banken mit FinTechs als Erfoglsfaktor. Zum Schluss gibt die wissenschaftliche Arbeit einen Ausblick auf die Zukunft der Banken und behandelt wichtige Aspekte, wie zum Beispiel Wettbewerber, Produkte und Dienstleistungen, Vertriebskanäle, KI und Blockchain.

Es können als konkrete Ergebnisse der wissenschaftlichen Arbeit die Tranformation der Hausbank zur digitalen Hausbank sowie der Erfolg der Banken durch Kooperationen mit FinTechs angeführt werden.

Executive Summary

This present work offers an overview of digitization in the financial sector. The process of digital change brings profound changes in various industries. These sectors also include the financial sector and its environment, which is characterized by low interest rates. Digitization has a major impact on strategy and its implementation as well as on the business models of banks. New competitors offer products and services based on the latest internet technology. As a result, important parts of the banks' value chain are also threatened. The task of financial insitutions is to adapt their business models in order to remain competitive and to offer their customers a positive experience. New competitors, such as FinTechs and their innovative offers are forcing traditional banks to rethink their strategy. With the help of digitization, banks are trying, in particular to automate routine processes and improve customer service.

The research question deals with the changes in the financial sector due to the technical upheaval as wells as with the strategic, organizational and operational set-up of financial institutions. To investigate these questions, the scientific work on the topic of digitization in the financial sector is divided into four chapters. Firstly, the conceptual delimitations with regard to digitization are explained in more detail in order to create an overview of this topic. After the terms have been described, the individual sections of the third chapter deal with the disruptive business models caused by digitization. Here it is describes in detail how financial insitutions have to develop their digital strategy and how this is succesfully as well as systematically implemented in the company. Furthermore, the third chapter deals with the opportunities and challenges and the success factors for digitization. Then the existing and the new financial service providers, such as the traditional banks and FinTechs, are discussed. This chapter deals with the new approaches in customer relationships and with the cooperation of banks with FinTechs as a success factor. Finally, the scientific work gives an outlook on the future of banks and copes with important aspects such as competitors, products and services, sales channels, AI and blockchain.

As concrete results of the scientific work the transformation of the traditional bank to the digital bank as well as the success of the banks through cooperation with FinTechs can be cited.

1 Einleitung

Der digitale Wandel ist ein wahrer Game Changer im Finanzsektor. Die Digitalisierung ist durch einen rasanten und unaufhaltbaren Wandel in allen möglichen Lebensbereichen geprägt. Sie verändert nicht nur Menschen, sondern auch Unternehmen, Märkte und Gesellschaften. Etablierte Geschäftsmodelle und bestehende Produkte verändern sich in so einem hohen Maß, dass bislang profitable Geschäftsmodelle teilweise hinterfragt werden müssen.[1]

Dieser Wandel wurde durch die COVID-19-Pandemie beschleunigt. Es ist beinahe schon schwierig eine Person zu finden, die sich nicht mit ihrem Smartphone beschäftigt. Das Ziel im Finanzsektor sollte nun die positive Übertragung dieses Verhaltens auf die eigene Branche sein. Banken müssen ihren Nutzern die Möglichkeit geben, dies vermehrt anzuwenden. Allerdings steht fest, dass die Digitalisierung nicht von heute auf morgen geschieht, sondern diese einen andauernden und nachhaltigen Prozess beschreibt. Unternehmen bzw. Finanzinstitute, die bei der Digitalisierung nicht rechtzeitig mitziehen, können ihrem Wettbewerb schwer standhalten. Banken werden durch FinTechs, die in der Digitalisierung eine bedeutende Rolle spielen, stark unter Druck gesetzt. Durch deren konkurrierenden Technologien fällt es den traditionellen Banken schwer, ihren Digitalisierungsprozess voranzutreiben.
Die Digitalisierung ermöglicht den Kunden eine einfache Archivierung und die Nutzung des Online-Services auch außerhalb der Bürozeiten. Banken müssen ihre Geschäftsprozesse konsequent vom Frontend bis zum Backend digitalisieren und automatisieren.[2]

Es sind turbulente Zeiten für die Menschheit, da die Digitalisierung die Realität auf den Kopf gestellt hat. Die Art und Weise, wie Unternehmen operieren und mit Kunden interagieren, hat sich drastisch geändert. Das Coronavirus hat einen Wandel beschleunigt, der in den letzten zehn Jahren ohnehin branchenübergreifend beobachtet werden konnte.
Dies gilt insbesondere für den Finanzsektor. Alle Zweige der Branche – von Banken über Versicherungsgesellschaften bis hin zu Investmentgruppen – erleben diesen Paradigmenwechsel. Führungskräfte im Finanzdienstleistungssektor brauchen eine Strategie zur Bewältigung des Wandels und zur entsprechenden Anpassung des Geschäfts, um in der neuen Realität erfolgreich zu sein.

Die Individualisierung und Digitalisierung der Gesellschaft erreicht auch den Finanzbereich. Kunden wollen Finanzdienstleistungen, die sich auf ihre Bedürfnisse anpassen. Deshalb sind Neo-Banken, wie zum Beispiel N26 oder Online-Broker wie Trade Republic, so

[1] Vgl. Hanschke (2021), S.1

[2] Vgl. Behringer (2020), S. 117

erfolgreich. Menschen suchen sich das Instrument, das individuell auf ihre Bedürfnisse zugeschnitten ist.[3]

Weltweit erwarten Vorstandsvorsitzende von Banken signifikante Änderungen der Geschäftsmodelle durch die künstliche Intelligenz (KI). Sämtliche Anwendungen weisen darauf hin, dass KI kein technischer Modebegriff mehr ist. Es zeichnet sich ein Trend zur vollständigen Digitalisierung der Betriebsmodelle von Banken ab. Es werden neue Anwendungsfelder, die bisher entweder zu kompliziert oder zu teuer für die Automatisierung galten, durch KI erschlossen. Die künstliche Intelligenz verspricht nicht nur effizientere und effektivere Prozesse, sondern fördert auch die Zerlegung von etablierten Wertschöpfungsketten. Für Finanzdienstleister ergeben sich gemeinsam mit anderen Trends, wie zum Beispiel dem digitalen Kundenerlebnis, API-Banking, und Cloud-Computing, neue Chancen und somit auch neue digitale Geschäftsmodelle. Da Banken einer starken Regulierung unterliegen, ist es noch nicht absehbar, wie weit die Strukturveränderung gehen wird. FinTechs zeigen allerdings mit ihrer rasanten Entwicklung das Potenzial zur Disruption.[4]

Medien überbieten sich seit der Ankündigung des Facebook-Gründers Mark Zuckerberg, mit Libra eine digitale Währung zu etablieren, mit Erklärungen und Sorgen hinsichtlich der neuen und ominösen Technologie: Blockchain. Bitcoin ist die wohl bekannteste Anwendung von Blockchain. Sie gilt als erste digitale Währung, mit der Transaktionen in einem dezentralen Zahlungssystem abgewickelt werden können. Es dauerte nicht lange bis festgestellt wurde, dass die Anwendungsmöglichkeiten von Blockchain weit über die digitalen Währungen hinausgehen. Banken sowie Computerfirmen, wie zum Beispiel IBM, waren motiviert sich an der Weiterentwicklung von Blockchain zu beteiligen.[5]

Ein weiteres wichtiges Thema im Zusammenhang mit der Digitalisierung im Finanzsektor ist das Vordringen der Big-Techs. Große Technologieunternehmen wie Apple, Amazon und Co. beschränken sich nicht mehr auf ihre initialen Geschäftsfelder, sondern drängen in neue Bereiche, wie zum Beispiel die Finanzindustrie, vor. Kürzlich hat Amazon in Kooperation mit ING Deutschland einen neuen Kreditvermittlungsservice für Verkäufer eingeführt. Auch die Bezahlmethoden Apple und Google Pay steigen immer weiter auf. Der Vorteil von Tech-Konzernen ist, dass sie über eine große Kundenbindung verfügen und technologisch wesentlich besser als die klassischen Player in der Finanzbranche aufgestellt sind.
Big-Techs besitzen wichtige Schnittstellen zu ihren Kunden. Aus diesem Grund wird die Kooperation zwischen Banken und Tech-Konzernen zum Balanceakt.[6]

[3] Vgl. Geldinstitute (2020) [Online]
[4] Vgl. Friedrich u.a. (2020), S.49
[5] Vgl. Brandl (2020), S.2
[6] Vgl. Geldinstitute (2020) [Online]

1.1 Problemstellung

Die Innovationen der Finanzbranche lassen alle auf einen Trend zurückführen: die Digitalisierung. Banken erhoffen sich durch die Digitalisierung vor allem Routinevorgänge zu automatisieren, Vertriebskanäle zu bündeln und den Kundenservice zu verbessern. Der Hauptantrieb ist vor allem folgenden Herausforderungen geschuldet, denen sich Banken stellen müssen, wenn sie weiter wettbewerbsfähig bleiben wollen. Mit Krediten und Einlagen ist kaum noch ein Geschäft zu machen. Mit der Digitalisierung sollen neue Finanzprodukte und -dienstleistungen klassische Einnahmequellen der Banken ergänzen oder sogar ersetzen. Viele Ressourcen werden auch durch Regulierungsvorschriften verschlungen.
Um Finanztransaktionen entsprechend der gesetzlichen Regularien der Bankenaufsicht durchzuführen, ist die Kontrolle durch und der Austausch mit zahlreichen Instanzen erforderlich. Zusätzlich werden klassische Banken durch digitale Wettbewerber zunehmend herausgefordert. FinTechs, Startups und andere digitale Finanzdienstleister lassen mit kundenfreundlichen und kosteneffizienten digitalen Lösungen klassische Dienstleistungen etablierter Banken hinter sich.[7]

Aufgrund neuer Wettbewerber und deren innovativen Angebote sind Banken mehr denn je zum Umdenken gezwungen. FinTechs, die AGFA-Techkonzerne und Direktbanken gehören dazu. Die Digitalisierung im Finanzsektor ändert die Art und Wiese, wie Kunden ihre Bankgeschäfte abwickeln. Das veränderte Kundenverhalten kann die Nutzung von digitalen Geldgeschäften nachhaltig stärken. Kunden wünschen sich Sicherheit und Komfort beim digitalen Banking.[8] Im Finanzsektor werden Daten branchenübergreifend als zentraler Wettbewerbsfaktor gesehen. Was die Kunden und die Beziehungsgestaltung betrifft, handelt es sich nicht um Daten als solche, sondern um den Aspekt der Personalisierung der Produkte und Dienstleistungen. Dadurch gelingt es Finanzdienstleistern sich von ihren Mitbewerbern abzugrenzen. In vielen Fällen sind diese neuen Wettbewerber den traditionellen Banken hinsichtlich personalisierter Angebote einen Schritt voraus. Durch die Angebote der großen Technologieunternehmen, welche Kunden auch aus anderen Anwendungsbereichen kennen, werden neue Maßstäbe gesetzt. Die reibungslose Interaktion zwischen Dienstleister und Kunde, die Schnelligkeit in der Prozessbearbeitung und die Personalisierung von Angeboten ist hiervon betroffen. Kunden übertragen Erfahrungen aus anderen Branchen auf die Finanzbranche und somit steigen deren Erwartungen an die Customer Experience. In diesem Zusammenhang haben viele Banken und Sparkassen die Notwendigkeit personalisierter Angebote für Kunden erkannt. Diese Angebote beziehen sich auf die personalisierten Inhalte über die sowohl traditionellen als auch digitalen Kanäle sowie auf den Bedarf der auf die Kunden zugeschnittenen Lösungen.[9]

---

[7] Vgl. Krämer (2019)
[8] Vgl. Wilk (2021) [Online]
[9] Vgl. Fesidis/Gupta (2021), S.16

Vor der Corona-Krise haben viele Bankkunden in Umfragen angegeben, dass ihnen stationäre Filialen ihrer Bank besonders wichtig wären. Während der Krise hat sich gezeigt, dass dies auch anders funktionieren kann. Viele digitale Angebote, wie zum Beispiel Digital Wallets, haben einen großen Zulauf erfahren und Zahlungen, die Kunden früher mit Bargeld erledigten, wurden vor allem in der Krise zunehmend durch Kartenzahlungen ersetzt.
Vor allem das Online Banking hat während der Krise einen regelrechten Boom erfahren. Es ist davon auszugehen, dass diese neu etablierten Gewohnheiten nach der Corona-Krise noch Bestand haben werden. Die Menschen interessieren sich zunehmend für die Leistungen von Digitalbanken. Die klassischen Geldhäuser müssen sich an diese Entwicklung anpassen und entsprechende Angebote machen. Den Schritt zu mehr Digitalisierung zu wagen und sich auf neue Geschäftsfelder einzulassen, ist die große Herausforderung. Trotz der Verschiebungen in der Finanzbranche kommen den stationären Geldinstituten in Zukunft wichtige Aufgaben zu. Sie haben in der Krise gezeigt, dass sie verlässliche und stabile Partner für Geldangelegenheiten sind. Viele Kunden haben ihr Vertrauen in die klassischen Banken während der Corona-Krise gefestigt und vertrauen darauf, dass ihre Geldgeschäfte bei ihnen in guten Händen sind. Dies gilt für alle Alters- und Kundengruppen.[10]

1.2 Zielsetzung

Das Ziel der wissenschaftlichen Arbeit ist es zu zeigen, wie sich Banken durch diesen technischen Umbruch, der durch die Digitalisierung verursacht wird, verändern. Zu den wichtigen Aufgaben der Bankinstitute gehört die Entwicklung der digitalen Strategie sowie die neue organisatorische und operative Aufstellung. Es treten viele neue Mitbewerber in diesem Markt ein. Auch Amazon, Google, Facebook und Apple sind für die traditionellen Finanzdienstleister als Konkurrenten ernst zu nehmen. Damit Banken wettbewerbsfähig bleiben und ihren Kundenservice verbessern können, müssen sie insbesondere ihre Geschäftsmodelle anpassen oder sogar neu entwickeln.

Schon lange bringen junge, digitale Wettbewerber in der Finanzbranche die etablierten Banken unter Zugzwang und beschleunigen die digitale Transformation der Branche.
Die Corona-Pandemie hat nun dazu geführt, dass noch mehr Kunden Angebote wie Online Banking und mobile Services per App nutzen. Laut dem World Retail Banking Report 2020 waren es vor dem Virusausbruch nur 49 Prozent und heute sind es bereits 57 Prozent. Dem Report zufolge befindet sich der globale Finanzsektor in einem historischen Wandel, der vor allem von den neuen, digital geprägten Wettbewerbern getrieben wird, die das optimale Kundenerlebnis im Blick haben. Viele Unternehmen sehen vor allem in den großen Tech-Konzernen wie Apple, Google, Facebook oder Amazon den sogenannten AGFAs, eine Gefahr für etablierte Geldhäuser.[11]

---

[10] Vgl.Tarkowski (2020) [Online]

[11] Vgl. Breinich-Schilly (2020) [Online]

Damit die Unternehmen der Finanzbranche punkten können, ist eine wichtige Voraussetzung das Verständnis, dass die Digitalisierung nicht im Vorbeigehen erledigt und die eigene Unternehmenskultur integriert werden kann. Die digitale Transformation speziell im Bankensektor führt zu einer immens hohen Zahl an Veränderungs- und Anpassungsprojekten, bei denen die bisherigen Strukturen auf den Kopf gestellt werden. Diese Arbeit soll einen Einblick in die Besonderheiten der Digitalisierung in der Finanzbranche geben. Viele Jahre lang war die Bank für Unternehmen und Privatkunden eine Welt mit klar definierten Feldern. Das eigene Konto oder das eigene Depot stehen immer weniger im Fokus. An dieser Stelle tritt das Kundenerlebnis auf. Das Ziel ist es, die Kunden über verschiedene Kommunikationskanäle wie E-Mail, Social Media oder Website durchgängig zu betreuen. Die Verbraucher erwarten von ihren Finanzdienstleistern ein nahtloses digitales Erlebnis, das sie aus anderen Bereichen ihres Lebens bereits gewohnt sind. Traditionelle Banken stehen vor der Herausforderung, diesen Erwartungen gerecht zu werden. Die digitalen Wettbewerber konzentrieren sich nämlich vom ersten Tag an auf das Kundenerlebnis. Die digitalen Themen wie KI, Blockchain und IT-Security sollen in dieser Arbeit ebenfalls näher behandelt werden. Zudem sollen der Begriff Digitalisierung definiert sowie die verschiedenen Chancen und Risiken hinsichtlich der Digitalisierung im Bankensektor erläutert werden.[12]

1.3 Aufbau und Struktur

Der Schwerpunkt der wissenschaftlichen Arbeit liegt in der Darstellung der Digitalisierung im Finanzsektor und bildet den roten Faden, der sich durch jedes Kapitel durchzieht.
Der theoretische Teil der vorliegenden Arbeit wird sich mit den elementaren Begrifflichkeiten der Digitalisierung auseinandersetzen und dadurch auch den wissenschaftlichen Rahmen der Arbeit schaffen. Das erste Kapitel beschäftigt sich mit den begrifflichen Abgrenzungen, da nicht alle Begriffe, die abgegrenzt werden, im Titel enthalten sind.

Daraufhin gibt es eine Einführung zur digitalen Strategie sowie zu den disruptiven Geschäftsmodellen, welche notwendig und vor allem erfolgsentscheidend für die spätere Operationalisierung sind. Nachdem die Strategie der Digitalisierung sowie die systematische Einführung erläutert wurde, setzt sich die Bachelorarbeit mit den Erfolgsfaktoren für die Digitalisierung auseinander.

Das Banking unterliegt neben der aktuellen Niedrigzinssituation und den steigenden regulatorischen Anforderungen einem wesentlichen Einfluss durch die stark zunehmende Digitalisierung in allen Geschäftsbereichen. Mit der rasanten Geschwindigkeit, in der neue Technologien entwickelt werden, steigt auch der Einfluss der Digitalisierung auf das Bankgeschäft. In Folge dessen zeigen sich neue Verhaltensweisen und Anforderungen von Kunden, denen beispielsweise FinTechs mit innovativen Angeboten begegnen. Das Kapitel zur

[12] Vgl.Breinich-Schilly (2020) [Online]

Entwicklung der bestehenden und neuen Finanzdienstleister durch Digitalisierung beschäftigt sich mit den verschiedenen Finanzinstituten, welche anhand von Praxisbeispiele näher beschrieben werden. Insbesondere werden im vierten Kapitel die neuen Ansätze in der Kundenbeziehung dargelegt. Anschließend setzt sich diese Arbeit mit den Herausforderungen der Digitalisierung und veränderten Wettbewerbsbedingungen sowie Geschäftsmodellen für den Bankensektor auseinander. Der Fokus liegt auf der Erläuterung von aktuellen Entwicklungen und deren Auswirkungen auf das Betriebsmodell der Banken, insbesondere in den Bereichen Organisation, Prozesse, Personal und IT.

Im fünften Kapitel handelt es sich um den Ausblick bzw. um die Zukunft der Banken. Hier stellt sich die Frage, worauf sich Finanzinstitute vorbereiten müssen und welche Chancen sie ergreifen können. Megatrends im Finanzsektor, technologische Trends wie Plattformökonomie und Automatisierung, neue Wettbewerber sowie neue Technologien werden bestehende Banken zur Innovation ihrer Geschäftsmodelle zwingen. Durch verschiedene wissenschaftliche und wirtschaftliche Studien werden aufgeworfene Fragen beantwortet und Thesen belegt. Mit Belegen aus der Fachliteratur werden diese unterstützt.

2 Die Digitalisierung - Begriffliche Abgrenzungen

2.1 Digitalisierung

Die Digitalisierung ist heutzutage ein unaufhaltbarer Trend. Das Umwandeln von analogen Werten in digitale Formate wurde im ursprünglichen Sinn als Digitalisierung bezeichnet. Diese Daten lassen sich informationstechnisch verarbeiten. Der Grundstein der Digitalisierung wurde schon mit dem Binärsystem, entwickelt von Gottfried Wilhelm Leibniz, gelegt.[13] Wenn man die ursprüngliche Bedeutung betrachtet, handelt es sich bei der Digitalisierung um digitale Repräsentationen von analogen Informationen oder physischen Objekten. Damit soll das Ziel erreicht werden, die digitalen Informationen zu speichern, zu verteilen oder zu verarbeiten. Blickt man in die Vergangenheit, lässt sich die Digitalisierung auf die Umwandlung von analogen Medien, wie zum Beispiel Fotografien, Tonaufnahmen oder Filmen, zurückführen. Dateien bestehend aus einer Folge von Bits und Bytes sind das Ergebnis der Digitalisierung.[14]

Im Vergleich zur analogen Verarbeitung von Informationen bietet die Digitalisierung viele Vorteile. Wenn die Informationen in digitaler Form vorliegen, können diese mithilfe von Datenverarbeitungssystemen verwendet, bearbeitet, wiedergegeben und gespeichert werden. Durch die maschinelle Lesbarkeit sind diese Informationen schneller zu durchsuchen. Außerdem lassen sich Komprimierungsalgorithmen auf die Daten anwenden, wodurch der Speicherbedarf wesentlich reduziert wird.[15]

Durch mehrfache Verarbeitung oder durch die Verteilung über diverse Kommunikationsnetze kommt es bei digitalen Daten im Gegensatz zu analogen Informationen zu weniger Verfälschungen und Fehlern. Setzt man entsprechende Maßnahmen, bleibt die Ursprungsdatei bei digitalen Daten immer gleich. Ein weiterer Vorteil digitaler Daten liegt in der Möglichkeit der Langzeitarchivierung, ohne dabei an Qualität bei den notwendigen Speichermigrationen zu verlieren.[16]

Heutzutage verbindet man aber mit dem Begriff der Digitalisierung viel mehr als Daten, die in Bits und Bytes ausgedrückt werden können. Der Begriff „Digitalisierung" ist zu einem sogenannten Buzzword geworden. Menschen verwenden und interpretieren diese Begrifflichkeit unterschiedlich. Aus diesem Grund wird mit einer Begriffsdefinition gestartet. Der digitale Wandel zu neuen, aber auch häufig disruptiven Geschäftsmodellen beschäftigt sich mit der Informations- und Kommunikationstechnik. Diese werden als disruptive

[13] Vgl. Jonietz, u.a. (2018), S.368
[14] Vgl. Luber (2019) [Online]
[15] Vgl. Luber (2019) [Online]
[16] Vgl. Luber (2019) [Online]

Geschäftsmodelle aus dem Grund bezeichnet, weil sie für den Umbruch, in dem die klassischen durch innovative Geschäftsmodelle entweder abgelöst oder verdrängt werden, stehen. Die Digitalisierung ermöglicht analoge Daten in digitale umzuwandeln und Prozesse sowie Technik und Information zu flexibilisieren und automatisieren. Dabei stehen der Kunde und dessen Bedürfnisse im Mittelpunkt. Die Orts- und Zeitunabhängigkeit sind ebenfalls wesentliche Aspekte, wenn es sich um die Digitalisierung handelt. Kunden müssen beispielsweise nicht mehr unbedingt in die Filiale, um ihre Bankgeschäfte abzuwickeln. Sie können ihre täglichen Bankgeschäfte ganz einfach über Online Banking erledigen. Aus der Banking App gelingt es Kunden zahlreiche Informationen aufzurufen. Zusätzlich haben Banken die Möglichkeit ihre Kunden rund um die Uhr bei diversen Themen zu unterstützen. Es wird versucht durch Effizienz mehr Freiraum für Innovation zu schaffen.[17]

Durch die Digitalisierung werden Veränderungsprozesse ausgelöst, die die Gesellschaft inklusive Wirtschaft, Kultur, Bildung und Politik beeinflussen. Der Großteil der oben genannten Medien wird in der Zwischenzeit direkt in digitaler Form, ohne eine analoge Version, erstellt. Mithilfe moderner Informationstechnik, wie zum Beispiel Computer, Smartphones, Internetanwendungen und Datenbanken, erfolgt die Erstellung, Speicherung und Verarbeitung der digitalen Daten. Daraus lässt sich schließen, dass sich digitale Formate deutlich flexibler und schneller verarbeiten lassen als analoge Informationen.[18]

Digitalisierung steht in enger Verbindung mit der rasanten Entwicklung der Informations- und Kommunikationstechnologie. Dabei spielen reife und nutzbare Technologien eine wesentliche Rolle, die auch als Enabler der Digitalisierung bezeichnet werden. Als Beispiele dafür sind Internet der Dinge (IoT), Soziale Netzwerke, Suchmaschinen, App Stores, Blockchain sowie Big Data und künstliche Intelligenz aufzuzählen. Sowohl unser digitaler Alltag als auch die Geschäftsmodelle von unterschiedlichen Unternehmen werden durch die oben genannten Beispiele bestimmt. Der einfache und schnelle Zugang zu diversen Informationen und Wissen, welcher durch neue Technologien ermöglicht wird, gilt als Erfolgsfaktor für die gesamte Gesellschaft. Einige von vielen wesentlichen Treibern der Digitalisierung werden folglich aufgelistet:

- Reife und nutzbare Technologien: Wie bereits erwähnt wird diese Art von Technologie als Enabler von neuen Geschäftsmodellen, welche zur Effizienzsteigerung beitragen, bezeichnet.
- Im digitalen Zeitalter werden Daten, aus denen Unternehmen einen Mehrwert generieren, zum Rohstoff der Zukunft.
- Im Fokus stehen der Kunde und dessen Bedürfnisse. Der wirtschaftliche Erfolg eines Unternehmens wird durch positive Kundenerlebnisse bestimmt.

---

[17] Vgl. Hanschke (2021), S.13f

[18] Vgl. Luber (2019) [Online]

- Die Art und Weise der Zusammenarbeit wird durch die Globalisierung mit der zunehmenden und weltweiten Verflechtung von Wirtschaft, Kultur und Umwelt verändert.[19]

Die Aufgabe der Unternehmen ist es ihre Geschäftsmodelle in immer kürzeren Zeitabständen zu überdenken und zu digitalisieren, um weiterhin attraktiv für Kunden zu sein und gleichzeitig wettbewerbsfähig zu bleiben. Unternehmen müssen ihren Wettbewerbern Schritt halten und ihnen zuvorkommen.[20]

Die zahlreichen Möglichkeiten und vor allem die Komplexität der Digitalisierung bringen hohe Risiken mit sich, insbesondere in Hinsicht auf Datenschutz, Datentransparenz und Datensicherheit. Oft ist es der Fall, dass in Unternehmen die Datentransparenz nicht existiert. Durch den Mangel an Transparenz entstehen Fragen, wie zum Beispiel: In welcher Cloud liegen welche Daten? Welche digitalen Plattformen werden nicht vom Unternehmen selbst kontrolliert? Heutzutage nehmen die Anforderungen der Sicherheit kontinuierlich zu. Ein entsprechendes Schlagwort dafür ist beispielsweise Cyber Security.[21]

Des Weiteren benötigen Unternehmen eine breitbandige Echtzeitkommunikation im Gigabitbereich, um das Potenzial der digitalen Technologien maximal nutzen und freisetzen zu können. Dabei ist es wichtig, dass das Gigabit-Glasfasernetz über hohe Kapazitäten verfügt, eine breite Verfügbarkeit und geringe Latenz aufweist. Der Anstieg der im Internet pro Minute transportierten Daten ist auf allen möglichen Netzebenen enorm. Verschiedene Studien zeigen, dass beispielsweise im Online-Handel eine Verzögerung von einer Sekunde eine Abnahme von rund 16 Prozent der Kundenzufriedenheit verursacht.[22]

2.2 Digital Natives

Der Begriff Digital Native stammt aus dem Englischen, wobei das Wort „Native“ so viel wie „Eingeborene“ bedeutet. Die Bezeichnung weist auf jene Generation hin, die geschickt mit den verschiedenen und neusten Technologien umgehen kann und in dieses digitale Zeitalter hineingeboren wurde. Die Zugehörigen dieser Generation kennen die vielseitigen Möglichkeiten, welche beispielsweise Computer und das World Wide Web mit sich bringen. Mit der Zeit verändern sich durch die Integration der virtuellen Welt die Einstellungen sowie das Lern- und Arbeitsverhalten der Digital Natives. Der vertraute und selbstverständliche Umgang mit den digitalen Medien hat auch einen großen Einfluss auf die Wahrnehmung und

[19] Vgl. Hanschke (2021), S.9
[20] Vgl. Hanschke (2021), S.9
[21] Vgl. Hanschke (2021), S.9
[22] Vgl. Hanschke (2021), S.10

Vorgehensweise in Unternehmen bzw. in der freien Wirtschaft. So ist der digitale Wandel auch in der Arbeitswelt erkennbar.[23]

2.3 Geschäftsmodell

Schon in den Zeiten der New Economy in den Jahren 1998 bis 2001 fand der Begriff des Geschäftsmodells Anwendung. Dennoch gibt es bis heute sehr unterschiedliche Meinungen darüber, was den Kern und die Bestandteile des Geschäftsmodells ausmachen. Bei der Definition des Geschäftsmodells wird zwischen drei Basisansätzen unterschieden. Der erste nennt sich informationstechnologischer Ansatz. Hier wird das Instrument des Geschäftsmodells als Managementwerkzeug, welches bei der Erstellung von Prozessen eine wichtige Rolle spielt, gesehen. Mithilfe dieses Managementwerkzeugs werden strukturierte Methoden und Instrumente zur Dokumentation und Analyse der Prozesse entwickelt. Beim zweiten sogenannten organisationstheoretischen Ansatz handelt es sich um Geschäftsmodelle, die zum eigenen Analyseinstrument werden. Es stellt die Struktur des Unternehmens abstrakt dar und das Geschäft bzw. die externen Einflussfaktoren werden auf diese Art und Weise besser erfasst. Die letzte Methode, die als strategietheoretischer Ansatz bezeichnet wird, verknüpft Geschäftsmodelle und unternehmensstrategische Aspekte miteinander. Dieses Managementkonzept beschreibt und analysiert die Geschäftstätigkeit unternehmensübergreifend. Dabei wird der Fokus auf die Umsetzung der Strategie des Unternehmens und die dafür notwendigen Ressourcen gesetzt.[24]

2.4 FinTechs

FinTechs ist nur eine Kurzform der Bezeichnung Financial Technology bzw. Finanztechnologie. Bei FinTechs handelt es sich um Unternehmen, die mit innovativer Technologie verbundene Finanzdienstleistungen anbieten. Der Kunde bzw. der Kundennutzen steht bei Produkten und Services der FinTechs im Vordergrund. Sie versuchen durch bequeme sowie einfache Bedienbarkeit, Schnelligkeit, Transparenz und Automatisierung ihren Nutzern einen Kundenmehrwert zu liefern. Neu gegründete Startups wenden sich mit ihrem kundenzentrierten Geschäftsmodell direkt an Endkunden. Ihr Disruptionspotenzial in dieser Branche zeigt sich in ihren kunden- und serviceorientierten und vor allem in ihren innovativen Geschäftsideen. Einige FinTechs hatten bereits einen erfolgreichen Antritt, wie zum Beispiel PayPal – der weltweit agierende Online-Bezahldienst.[25]

---

[23] Vgl. gruenderszene (2019) [Online]

[24] Vgl. Andrae (2021), S.4f

[25] Vgl. Pommerening (2020), S.10

3 Disruption durch digitale Geschäftsmodelle im Finanzsektor

3.1 Die digitale Strategie

Jede Branche und auch alle Unternehmen spüren, dass der digitale Wandel unaufhaltsam und bereits im Gange ist. Die Veränderungen sind unterschiedlich von Unternehmen zu Unternehmen und hängen von deren Strategie hinsichtlich der Digitalisierung und deren Geschäftsmodell ab. Wenn es sich um Digitalisierung handelt, ist es wichtig, das Gleichgewicht zwischen Wirtschaftlichkeit und Innovation zu finden.[26]

Die Digitalisierung löst in vielen Unternehmen statt eines überlegten Handlungsimpulses ein Bedrohungsgefühl aus. Dieses führt dazu, dass das operative Tagesgeschäft unverändert bleibt und nur Einzeldigitalisierungsmaßnahmen beschlossen werden anstatt einer systematischen digitalen Transformation. Um in diesem Bereich voranzukommen, sollte die Unternehmenskultur zu einer offenen Leistungs- und Innovationskultur verändert werden. Veränderte Kundenbedürfnisse, neue Wettbewerber, andere Sichten der Digital Natives und vielfältige Mitarbeitererwartungen fordern einen flexiblen und schnellen Umgang von Unternehmen, um die Digitalisierung erfolgreich zu meistern. Für diesen Zweck dient die digitale Strategie.[27]

Eine erfolgreiche Planung und Steuerung der digitalen Transformation setzt eine klare Strategie der Digitalisierung und eine Standortbestimmung voraus. Die Orientierung ist durch die digitale Strategie gegeben und sie bietet gleichzeitig einen Handlungsrahmen.
Die Standortbestimmung bestimmt die Ausgangslage und somit sind die Randbedingungen für die genaue Planung und Steuerung der digitalen Transformation gegeben. Ist diese Grundbasis bereits klar definiert worden, kann die Geschäftsmodellentwicklung aufgesetzt werden. Anschließend findet die Ableitung des zukünftigen Produkt- und Dienstleistungsspektrums und der benötigten fachlichen und technischen Fähigkeiten statt. Damit Unternehmen ein disruptives und kontinuierliches Geschäftsmodell entwickeln können, benötigen sie Innovationsmanagement mit Trend-Scouting, das entscheidend für ihren Erfolg ist. Wenn Unternehmer ihr Geschäftsmodell verändern wollen, erfordert die Operationalisierung eine konkrete Planung und Steuerung sowie eine Verzahnung. Als Hilfestellung kann eine Roadmap zur Umsetzung der explizit entwickelten Maßnahmen verwendet werden. Diese Roadmap wird über verschiedene Projekte in einem Verbesserungs- und Veränderungsprozess umgesetzt. Eines der Ziele der Operationalisierung ist es, das Produkt- und Dienstleistungsspektrum sowie die dafür erforderlichen technischen und fachlichen Fähigkeiten sowohl intern als auch extern agil weiterzuentwickeln. In einem agilen und kontinuierlichen Veränderungsprozess entstehen digitale Lösungen und diverse Plattformen für die

[26] Vgl. Hanschke (2021), S.8
[27] Vgl. Hanschke (2021), S.10

Industrie 4.0. Es ist schwierig den Kundenwert vorab abzuschätzen, da es heutzutage zahlreiche neuartige digitale Produkte und Dienstleistungen gibt. Aus diesem Grund wird als erster Schritt ein Minimum Viable Product (MVP) angestrebt. Das bedeutet, dass Unternehmen eine Lösung mit minimalen Funktionsumfang, welcher den Kundenwert darstellt, beabsichtigen. Produkte oder Dienstleistungen so schnell wie möglich auf den Markt zu bringen ist das Hauptziel. Anhand von Feedback der Kunden kann das Produkt oder die Dienstleistung und somit auch die Kundennachfrage verbessert werden. Diese Methode, welche die Art und Weise der Neuentwicklung von Produkten und Dienstleistung verändert, wird auch als Lean Startup bezeichnet.[28]

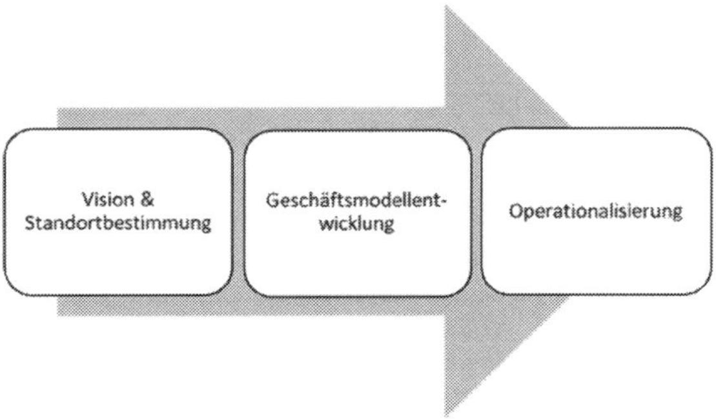

Abbildung 1 Systematische digitale Transformation (eigene Darstellung)

Die Unternehmensführung gibt die Strategie der Digitalisierung top-down und zielorientiert vor und sie wird anschließend bottom-up mit den vorhandenen Geschäftsanforderungen und Trends abgeglichen. Es ist wichtig sowohl die Treiber und den Bedarf der Kunden zur Digitalisierung als auch die Ziele und den Digitalisierungsreifegrad des Unternehmens zu berücksichtigen. Bei der digitalen Strategie handelt es sich um das Ausnutzen des Bestehenden – Exploitation – und das Erkunden des Neuen – Exploration. Diese Kombination stellt Erweiterungen von bestehenden Produkten und Dienstleistungen dar. Daraus lässt sich wiederum schließen, dass ein systematisches Innovationsmanagement, welches mit dem Geschäftsmodell verzahnt ist, eine wichtige Rolle spielt.[29]

Unternehmen können sich durch die vorhandenen Produkte und Dienstleistungen wirtschaftlich absichern lassen und gleichzeitig über ein gesteuertes Innovationsmanagement Neues erkunden. So haben sie die Möglichkeit, neue und attraktive Märkte und

[28] Vgl. Hanschke (2021), S.12

[29] Vgl. Hanschke (2021), S.11ff

Kooperationspotenziale zu finden. Die Wettbewerbsfähigkeit des Unternehmens in der Zukunft hängt von maßgeschneiderten Produkten und Time-to-market ab.[30]

An dieser Stelle sollten sich Unternehmen die Frage stellen, was der digitale Wandel für ihr Geschäftsmodell bedeutet und wie sie diesen Wandel beschleunigen, aber auch absichern können. Das Unternehmen muss festlegen, wo sie abschöpfen und wo sie Neues erkunden will. Um ausreichend Freiraum für die Finanzierung von Testballons zu schaffen, ist das kurz- und mittelfristige Abschöpfen notwendig. Unternehmen müssen hier für die Maximierung der aktuellen Wertschöpfung durch Digitalisierung des bestehenden Geschäftsmodells und für die Kosteneinsparung sorgen. Diverse Anpassungen oder Erweiterungen von Produkten oder Dienstleistungen, wie zum Beispiel die Abwärme von Rechenzentren, können als erster Schritt im Rahmen der Digitalisierung dargestellt werden.[31]

Neben der Standardisierung wird die Effizienzsteigerung durch optimierte Geschäftsprozesse mit den unterschiedlichen Stellschrauben, wie zum Beispiel Automatisierung, Machine-Learning, KI und datengetriebene Prozesse, erreicht. Bots und Roboter mit maschinellem Lernen und KI finden bereits in verschiedenen Bereichen Anwendung.

Des Weiteren trägt die fortlaufende Optimierung von Produkt- oder Serviceinnovationen einen großen Teil zum nachhaltigen und wirtschaftlichen Erfolg eines Unternehmens bei. Im Mittelpunkt stehen der Kunde und dessen Customer Experience.[32] Daher müssen zentrale Fragen bei der Einführung eines digitalen Geschäftsmodells beantwortet werden: Welche Produkte und Dienstleistungen biete ich den Kunden an? Welche Bedürfnisse des Kunden werden damit adressiert? Wie sieht die Gestaltung der Wertschöpfungskette und der Organisation aus? Welche Technologie ist dafür erforderlich?[33]

3.2 Systematische Einführung der Digitalisierung

Ein systematisches Vorgehen spielt eine große Rolle, um die digitale Transformation ganzheitlich anzugehen. Unternehmen müssen alle möglichen Aspekte von der Strategie bis hin zur Operationalisierung miteinbeziehen. Die digitale Transformation wird als eine sehr komplexe und umfangreiche Aufgabe betrachtet, da sie Unternehmen vor hohen Anforderungen stellt. Die festgelegte Strategie bestimmt die Ausgangslage über eine Reifegradbestimmung und somit den Startpunkt im Rahmen der Digitalisierung.

Als erstes sind die Geschäftstreiber zu identifizieren und Rahmenvorgaben zu setzen. Eine klare Definition und Kommunikation der Vision, Mission und der strategischen Stoßrichtung

[30] Vgl. Hanschke (2021), S.11ff

[31] Vgl. Hanschke (2021), S.11ff

[32] Vgl. Hanschke (2021)., S.11ff

[33] Vgl. Hanschke (2021), S.285

hinsichtlich Digitalisierung sind besonders wichtig, um alle Mitarbeiter und Führungskräfte in die gleiche Richtung mitzunehmen und diese zu motivieren. Sobald dies erfolgt, können die Details der Entwicklung des neuen digitalen Geschäftsmodells besprochen werden.
Ein fachliches Ziel-Bild und strategische Handlungsfelder helfen hier bei der Ableitung der digitalen Roadmap und bei der Operationalisierung. Nach Festlegung der digitalen Roadmap können strategische, taktische und operative Handlungsfelder abgeleitet werden. Dadurch entstehen digitale Lösungen in einem kreativen und agilen Lösungsprozess.
Da die Umsetzungsgeschwindigkeit in diesem Fall oft entscheidend für den Erfolg ist, verfolgen Unternehmen Ansätze, wie zum Beispiel das MVP oder Lean Startup. Die Durchführung von agilen Veränderungsprozessen passiert durch die Umsetzung der digitalen Roadmap ganzheitlich. Unternehmen versuchen dabei sowohl die Mitarbeiter als auch die Kultur, die Fähigkeiten, die Daten, die Prozesse und die Organisation digital zu bewegen. Die Zielerreichung wird nach jedem Schritt, der umgesetzt wird, überprüft und auch nachhaltig verankert. Hierfür ist die Entwicklung der Mitarbeiter und deren Fähigkeiten sehr wichtig. Das Markenprofil muss über ein konsequentes Marketing und Branding geschärft werden.[34]

Unternehmen müssen alle ökonomischen, technischen und strategischen Aspekte der Digitalisierung im Überblick haben sowie Abhängigkeiten und Konflikte rechtzeitig erkennen. Das Management der Customer Experience steht hier im Vordergrund, da der Fokus bei der Geschäftsmodellentwicklung neben wirtschaftlichen Interessen auf den Bedürfnissen der Kunden liegt.[35]

3.3 Disruptive Geschäftsmodelle

Disruptive Geschäftsmodelle bieten durch revolutionäre Innovation neue Chancen für Unternehmen. Dabei werden klassische Geschäftsmodelle wesentlich verändert oder sogar komplett ersetzt. In der Vergangenheit haben beispielsweise Smartphones den Markt der Mobiltelefone revolutioniert und auch den Markt der Apps ins Rollen gebracht. Als weitere Beispiele können auch die Robotics, welche die Datenerfassung übernehmen oder die Chatbots, welche als Anlaufstelle für Serviceanfragen gelten und einen effizienten Service ermöglichen, gegeben werden. Diese Innovationen werden auch als reife und nutzbare Technologien bezeichnet.[36]

Unternehmen müssen rechtzeitig diesen Megatrends der Digitalisierung folgen und in Innovation investieren, damit sie von ihren Wettbewerbern nicht überrollt werden. Das Innovator-Dilemma wird auch in Zukunft ein großes Thema sein. Da sich der Erfolg der ergriffenen Chance ein neues Geschäftsmodell zu entwickeln nicht vorhersagen lässt, benötigen

[34] Vgl. Hanschke (2021), S.176f
[35] Vgl. Hanschke (2021), S.176f
[36] Vgl. Hanschke (2021), S.17f

Unternehmen ein professionelles Innovations-Controlling. Anhand des Kunden-Feedbacks bzw. der Bewertung kann das Innovations-Controlling entscheiden, ob ein disruptives Produkt oder eine disruptive Dienstleistung künftig auch noch erfolgreich sein wird. Um dies zu erreichen, müssen Unternehmen über eine hohe Business-Agilität hinsichtlich der Organisation und der Prozesse verfügen.[37]

Für erfolgreiche und etablierte Unternehmen ergibt es oft wenig Sinn, ihr eigenes Geschäftsmodell infrage zu stellen. Aus diesem Grund beschließen sie auf kontinuierliche Verbesserung und ein Produktportfolio aus traditionellen, weiterentwickelten Produkten und disruptiven Innovationen zu setzen. Startups hingegen setzen alles auf eine Karte, da sie nichts zu verlieren haben. Junge Unternehmen trauen sich, neue Ideen und verschiedene Methoden auf Nischenmärkten zu probieren. Solche Art von Unternehmen werden auch Lean-Startups genannt. Bei den Lean-Startups handelt es sich darum, Erfahrung zu sammeln und Produkte und Dienstleistungen zu verbessern, um dann etablierte Unternehmen mit neuartigen Produkten anzugreifen. Beispiele für disruptive Geschäftsmodelle sind FinTechs und Google.[38]

3.4 Chancen und Herausforderungen im Überblick

Die Digitalisierung ist eine globale Strömung, die das Leben der Menschen grundlegend verändert hat. Diese Strömung wird durch die Digitalisierung und Automatisierung von Prozessen, das Nutzen von gesammelten Daten und der Vernetzung von Systemen untermauert. Die digitale Revolution stellt Unternehmen vor viele Herausforderungen, bietet aber auch Chancen, die nie da gewesen sind.

Es bestehen große Chancen für Unternehmen hinsichtlich Digitalisierung. Besserer Kundenservice, gezieltes Marketing und Vereinfachung der Kommunikation sind nur einige von vielen Vorteilen, die die digitale Transformation mit sich bringt und die in weiterer Folge genauer behandelt werden:[39]

- **Vereinfachung sämtlicher Prozesse im Unternehmen:** Die Vereinfachung der Prozesse erfolgt mithilfe von innovativen, digitalen Anwendungen. Beispielsweise kann sich eine Digitalisierung bzw. eine teilweise Automatisierung bei Kommunikation, Einkauf und Produktion sehr positiv auswirken. Heutzutage können Mitarbeiter durch Cloud-Technologien flexibel und ortsunabhängig arbeiten. Es besteht für sie die Möglichkeit wichtige Daten von jedem Gerät aus einzusehen und zu bearbeiten.

---

[37] Vgl. Hanschke (2021), S.17f
[38] Vgl. Hanschke (2021), S.17f
[39] Vgl. Weigandt (2020) [Online]

Durch Kommunikationstools, wie zum Beispiel Microsoft Teams oder Riot lässt sich auch firmeninterne Kommunikation wesentlich erleichtern.

- **Verbesserung von Kundenservice und Produkten:** Ein sehr wichtiger Punkt im Rahmen der Digitalisierung ist es, den Service, die Produkte und die Dienstleistungen so zu verbessern, dass für den Kunden ein dauerhafter Mehrwert entsteht. Moderne Anwendungen ermöglichen es Unternehmen ihre Kunden immer und von überall aus zu betreuen und ihnen bei der Nutzung ihres Produktes mit nützlichen Tipps zur Seite zu stehen. Außerdem können digitale Zusatzprodukte zu den physischen Produkten angeboten werden. Unternehmen können auf diese Art und Weise ihre Produkte und ihre Dienstleistungen nahezu unbegrenzt aufwerten.
- **Datennutzung für das Unternehmen:** Die Mehrheit der Unternehmen besitzen eine Website, doch nur bei sehr wenigen von ihnen werden Besucherdaten ausgewertet, um datenbezogene Entscheidungen treffen zu können.
- **Effektives und kostengünstiges Marketing:** Die Auswertung von Kundendaten hilft Unternehmen dabei, ein klares Bild zu bekommen, wer ihre Kunden sind, in welche Altersgruppe sie fallen und welche Interesse sie haben.[40] „Einer der größten Vorteile der Digitalisierung ist es anhand dieser Daten zielgenaue und spezifische Online Werbung zu schalten.“[41]

Die Digitalisierung bringt jedoch auch Herausforderungen und Schwierigkeiten mit sich. In den nachstehenden Punkten werden die größten Herausforderungen der digitalen Transformation für Unternehmen erläutert:

- **Digitalisierung als Kostenfaktor:** Da die Kosten einer erfolgreichen Digitalisierung im Unternehmen sehr hoch sind, ist es wichtig, die Kosten richtig abzuschätzen und sich Gedanken über den Grad der angestrebten Digitalisierung zu machen.
- **Dauerhafte Weiterbildung:** Trotz der erfolgreichen Umsetzung der Digitalisierung ist eine ständige Weiterbildung erfordert. Um eine nachhaltige und erfolgreiche digitale Transformation zu schaffen, sollen sich Unternehmer die Zeit nehmen, sich weiterzubilden. Die heutige Zeit ist relativ schnelllebig und es gibt immer wieder neue technische Innovationen, die für die einzelnen Unternehmen interessant sein können.
- **Gefährliche Cyber-Attacken:** Nicht selten kommt es vor, dass Unternehmen durch ständige Vernetzung der Systeme zwangsläufig Opfer einer Cyberattacke werden. Verschaffen sich Hacker Zugang zum Netzwerk des Unternehmens, können wichtige Daten gelöscht oder entwendet werden. Daher sind Datenschutz und Datensicherheit in diesem Zusammenhang wichtige Aspekte.

[40] Vgl. Weigandt (2020) [Online]
[41] Weigandt (2020) [Online]

- **DSGVO und ePrivacy-Verordnung:** Aus der DSGVO und der ePrivacy-Verordnung, welche bald in Kraft treten wird, entsteht für viele Unternehmer ein erheblicher bürokratischer Mehraufwand. Dieser kann als weiterer Nachteil der Digitalisierung gesehen werden. Bei vielen Unternehmern treten aufgrund dieser Verordnungen Unklarheiten auf, welche auch als Hemmschwellen dargestellt werden können.[42]

Unternehmen müssen ihre Denkmuster, die bereits bestehen, hinterfragen und wenn nötig auch verändern. „Nicht die Stärksten überleben, sondern die, die sich am schnellsten anpassen können."[43] Dieses Zitat von Charles Darwin eignet sich gut für die Erklärung, dass eine rechtzeitige Auseinandersetzung mit den Chancen und Risiken der Digitalisierung entscheidend für das Überleben der verschiedenen Unternehmen ist. Jedes einzelne Unternehmen und jeder Einzelne der Gesellschaft muss sich rechtzeitig adaptieren können.[44]

Die folgende Abbildung zeigt die möglichen Chancen und Risiken der Digitalisierung.

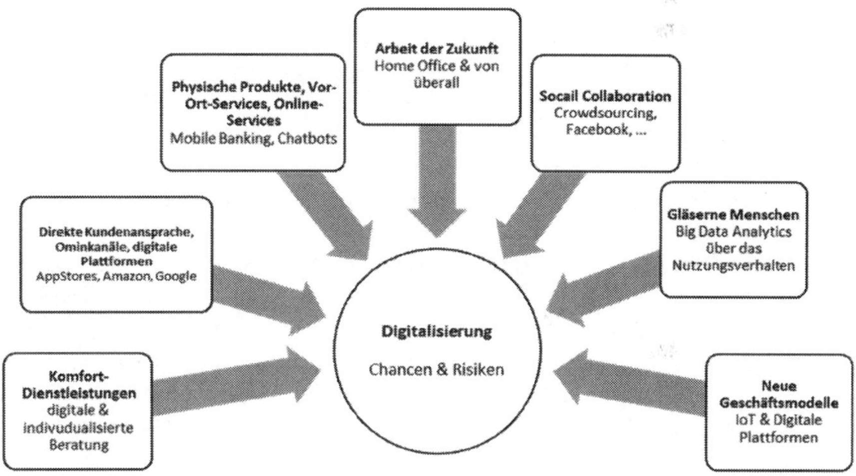

Abbildung 2 Die Chancen und Risiken der Digitalisierung[45]

---

[42] Weigandt (2020) [Online]

[43] Vgl. Hanschke (2021), S.8

[44] Vgl. Hanschke (2021), S.8

[45] In Anlehnung an Hanschke (2021), S.8

3.5 Erfolgsfaktoren für die Digitalisierung

Eine der wichtigsten Erkenntnissen bei der Digitalisierung ist das Gleichgewicht zwischen Innovation, Wirtschaftlichkeit und Zuverlässigkeit zu finden. Für die digitale Zukunft muss ein Bauplan entwickelt werden. Dieser hilft Unternehmen zu entscheiden, ob das Altgeschäft abgeschöpft oder, ob auf disruptive Innovation gesetzt werden soll. Dabei ist die Aufgabe der Unternehmen die Betrachtung jeder Möglichkeit hinsichtlich der Effizienzsteigerung und Digitalisierung, wie zum Beispiel durch Automatisierung von Daten, Geschäftsprozessen, Produkten oder Kundeninteraktion. Die Digitalisierung und Automatisierung muss innerhalb der Organisation des Unternehmens und im Wertschöpfungsnetz erfolgen. Bestehende Denkmuster sind im digitalen Wandel zu hinterfragen und zu verändern, wenn dies notwendig ist. Daher sind kontinuierliches Lernen und Kunden-Feedback besonders wichtig.[46]

Folgende Faktoren sind für die digitale Transformation erfolgsentscheidend:

- **Digitale Kultur:** Bei einer digitalen Kultur handelt es sich um eine offene Leistungskultur, die auf Vertrauen, Toleranz, Fairness, Partizipation und Integrität basiert.
- **Digitale Strategie und dessen Operationalisierung:** Die Orientierung sowie der Handlungsrahmen für die digitale Transformation werden durch die digitale Strategie gegeben. Allerdings hat eine digitale Strategie ohne Operationalisierung keine Wirkung. Die digitale Transformation gelingt erst nach Ableitung und Aufsetzung der Roadmap für die Umsetzung der digitalen Strategie und die dafür notwendigen Maßnahmen. Die Umsetzung kann somit agil und detailliert geplant werden.
- **Innovations-Enabling:** Das Innovations-Enabling beschreibt die digitale Fähigkeit, die Kreativität der Mitarbeiter in einer Organisation zu entfesseln.
- **Business-Agilität:** Unternehmen müssen auf Veränderungen schnell reagieren können. Agilität oder Techniken, wie zum Beispiel MVP oder Lean Startup sind hier wesentliche Elemente. Des Weiteren spielt auch das aktive Management der Kundenerwartungen bzw. das Customer Experience Management eine wichtige Rolle. Unternehmen müssen das Produkt- und Dienstleitungsspektrum laufend auf die Bedürfnisse der potenziellen Kunden und der relevanten Touchpoints ausrichten.
- **Technologie-Adaption:** Bei der Technologie-Adaption handelt es sich um die Fähigkeit, reife und nutzbare Technologien zu erkennen und diese schnell nutzbar zu machen. Damit dies gelingt, müssen ein Trend-Scouting und ein professionelles Technologiemanagement etabliert werden. Aktuell sind verschiedene, reife und einsetzbare Technologien von großer Bedeutung. Darunter zählen beispielsweise Business Analytics, KI, Machine Learning, digitale Plattformen (Facebook oder Amazon) und API-Management. Bei dieser Art von Management werden durch die

[46] Vgl. Hanschke (2021), S.82

Verteilung, Kontrolle und Analyse von APIs Apps und Daten im Unternehmen und von Cloud zu Cloud verbunden. Dies ermöglicht Unternehmen, die APIs erstellen oder von Dritten nutzen, Aktivitäten zu überwachen. Zusätzlich wird die Erfüllung von Anforderungen der Entwickler sichergestellt.[47]

Unternehmen in allen Branchen und die Gesellschaft werden vor große Herausforderungen durch den digitalen Wandel gestellt. Mithilfe der kontinuierlichen Weiterentwicklung der Digitalkompetenz und der Organisation können diese großen Herausforderungen bewältigt werden. Somit kann das gesamte Unternehmen auf die digitale Zukunft vorbereitet werden. Das Überleben von Unternehmen hängt von der rechtzeitigen Auseinandersetzung mit Chancen und Risiken der Digitalisierung sowie der nachhaltigen Umsetzung ab.[48]

4 Die Entwicklung von bestehende und neue Finanzdienstleister durch Digitalisierung

Genauso wie in den anderen Branchen der Wirtschaft steigt auch im Finanzsektor der Druck, was die personalisierten Lösungen und Mehrwertdienste für verbesserte Kundenerlebnisse auf den klassischen und digitalen Kanälen betrifft. Die Endkunden haben den Rückgang der Anzahl von Filialen infolge des Online Bankings deutlich gespürt. Nun müssen die Banken Antworten auf diese neuen Herausforderungen finden. Mittlerweile gibt es verschiedene Geschäftsmodelle, wie zum Beispiel die digitale Hausbank oder FinTechs.[49]

Finanzinstitute wollen die digitale Transformation vorantreiben und diese hat auch eine hohe Priorität bei Banken. Als große Herausforderungen zeichnen sich hier die kürzeren Innovations- und Technologiezyklen, wie zum Beispiel die Entwicklung von digitalen Produkten, aus. Momentan befinden sich Banken sowie Sparkassen in einem maßgebenden Transformationsprozess. Allgemein betrachtet bestehen bei Banken hohe Kosten für die Umsetzung von Regulatorik. Zusätzlich drücken die seit mehreren Jahren anhaltenden Niedrigzinsen auf die Kapitaldecke und die Produkte und Dienstleistungen der Banken werden untereinander immer ähnlicher, wodurch der Wettbewerb über den Preis getragen wird. In der Vergangenheit standen Kostensenkungs- und Effizienzprogramme an erster Stelle auf der strategischen Agenda von Finanzinstituten – oftmals auch mit Hilfe der Digitalisierung.[50]

[47] Vgl. Hanschke (2021), S.83
[48] Vgl. Hanschke (2021), S.90
[49] Vgl. Hanschke (2021), S.64
[50] Vgl. Leichsenring (2021) [Online]

Des Weiteren hat die COVID-19-Pandemie dafür gesorgt, dass für viele Institute der physische Kunden-Kontaktpunkt (Filiale) verloren gegangen ist. Durch diese Situation ist der Druck hinsichtlich des Aufbaus digitaler Geschäftsmodelle gestiegen. Für die Zukunft kann dies bedeuten, dass Banken einen Digitalisierungspush erleben und somit fokussierter und kundenzentrierter digitale Geschäftsmodelle entwickeln, als sie es in der Vergangenheit getan haben.

Lünendonk & Hossenfelder haben in fachlicher Zusammenarbeit mit KPMG, Core, Nexgen und Senacor die Digitalisierungsstrategien von Banken untersucht und Führungskräfte zu ihren Strategien betreffend der Themen, wie zum Beispiel Disruption, Vertrieb der Zukunft, Zusammenarbeit mit Startups sowie Nutzung digitaler Technologien, befragt. Finanzinstitute wollen die digitale Transformation vorantreiben und auf neue digitale Plattformen bzw. digitale Vertriebswege zur Ergänzung ihrer traditionellen Geschäftsmodelle setzen. Mehr Agilität im Unternehmen sowie die Reaktion auf die immer kürzer werdenden Innovations- und Technologiezyklen stellen eine wichtige Aufgabe für Banken in der Zukunft dar. Was den Bankvertrieb der Zukunft anbelangt, will der Großteil der Banken ihr bestehendes Portfolio weiterentwickeln und digitale Mehrwertdienste anbieten, um das Kundenerlebnis zu verbessern. Die enge Kundenbeziehung und der persönliche Kontakt bleiben für viele Banken auch in Zukunft ein wichtiger Bestandteil ihrer Digitalisierungsstrategie. Die Studie von Lünendonk & Hossenfelder zeigt, dass insbesondere Customer Experience, Optimierung der Geschäfts- und IT-Prozesse mit Hilfe von digitalen Technologien und Customer Centricity bzw. neue Geschäftsmodelle zu den Investitionsschwerpunkten von Banken und Sparkassen bis 2025 zählen.[51] In weiterer Folge werden nun die verschiedenen Lösungsansätze, welche von Banken und BigTechs entwickelt wurden, näher erläutert.

4.1 Digitale Hausbanken

Es befindet sich sowohl das Privatkunden- als auch das Firmenkundengeschäft im Wandel und rasante Veränderungen sind der Alltag. Grundsätzlich ist das Retail Banking einfach. Die Bank leiht dem Sparer Geld, wofür sie dem Retail Kunden einen angemessenen Zins bezahlt. Anschließend wird dieses Geld von der Bank transformiert und an Kreditnehmer zu einem höheren Zins weiterverliehen. Diese Zinsdifferenz stellt für das Kreditinstitut eine ausreichende Rendite dar. Des Weiteren wird das Bankgeschäft durch beispielsweise Provisionserträge aus dem Wertpapierhandel oder weiteren Kontrakten ergänzt. Doch das Retail Banking ist in den vergangenen Jahren zunehmend schwierig geworden, da der Zins im Allgemeinen negativ ist, Geschäfte stark reglementiert werden und der Wettbewerb in einer modernen und digitalen Welt immer größer wird. Zusammengefasst lässt sich sagen, dass Zinsen als klassische Ertragsquelle der Banken momentan nicht existent sind und Kunden deren Bankverbindungen nach klaren Nutzenvorteilen wählen. Dabei sind die

[51] Vgl. Leichsenring (2021) [Online]

Wettbewerber im Internet nur einen Klick entfernt. Das strategische Umfeld ist daher aufgrund der Digitalisierung und der hohen Innovationszyklen schwer kalkulierbar.[52]

Digitale Hausbanken werden als kapitalintensive und technologieorientierte produzierende Gewerbe beschrieben, welche Angebote digitalisieren und somit einen Mehrwert für ihre Kunden schaffen. Für diese Banken spielen die enge Beziehung zu den Kunden und ein hohes Service- bzw. eine Lösungsqualität eine wichtige Rolle. Damit streben sie ein äußerst positives und digitales Kundenerlebnis, welches sie über Smart Data schaffen, an. Die Gewinnung von Marktanteilen und Mehrwertdiensten, wie zum Beispiel persönliche Beratung auch außerhalb vom Banking, kann als signifikantes Wachstumspotenzial gesehen werden.

Zu den wesentlichen Erfolgsfaktoren der digitalen Hausbanken zählen Kundenbindung, Omnikanalfähigkeit sowie Mehrwertdienste. Damit diese Banken auch nachhaltig profitabel sind, ist die Digitalisierung des Kerngeschäfts durch beispielsweise Automatisierung der End-to-End-Prozesse essenziell.[53]

Der Artikel „Was man vom Erfolgsmodell „Digitale Hausbank“ lernen kann“ zeigt, wie etablierte Banken ihre Position durch die Transformation von der Hausbank zur digitalen Hausbank festigen können. Etablierte Hausbanken sind mit unterschiedlichen Herausforderungen konfrontiert und oftmals reagieren sie mit Schließung der Filialen. Aus diesem Grund verlieren die klassischen Banken die enge Kundenbeziehung bzw. die Nähe zum Kunden vor Ort und können somit nicht mehr die Wünsche ihrer Kunden erfüllen. An dieser Stelle treten neue digitale Challenger Banken und andere branchenfremde Wettbewerber auf, wie zum Beispiel die BigTechs Apple und Google. Ernst & Young hat eine Umfrage zum Consumer Banking in Österreich durchgeführt. Diese Umfrage zeigt, dass fast 50 Prozent aller Österreicherinnen und Österreicher mindestens drei Bankverbindungen besitzen. Das Ergebnis dieser Umfrage präsentiert, dass die Hausbank immer noch der erste Ansprechpartner ist, wenn es sich um finanzielle Fragen oder Kreditaufnahme handelt. Die Hausbanken verfügen über einen Informationsvorsprung gegenüber ihren Konkurrenzbanken und auch eine lange Geschäftsbindung geprägt von Vertrauen. Allerdings weist die EY Consumer Banking Survey darauf hin, dass Kunden immer mehr digitale Angebote in Anspruch nehmen und die Loyalität gegenüber der Hausbank fortlaufend abnimmt. Für österreichische Hausbanken stellt sich nun die Fragen, ob sie die Transformation zur digitalen Hausbank wagen sollen und welche Chancen und Risiken die Digitalisierung für etablierte Banken mit sich bringt.[54]

---

[52] Vgl. Keck/Stoll (2018), S.306f

[53] Vgl. Hanschke (2021), S.64

[54] Vgl. Ernst & Young (2021) [Online]

4.1.1 Risiken der Digitalisierung für digitale Hausbanken

Die Digitalisierung stellt nicht nur für die Banken, sondern auch für die Kunden Risiken dar. Als Beispiel führen die Autoren des zuvor genannten Artikels folgendes Szenario an: Vertreter der Generation Y können zwar ihr Gehaltskonto bei einer digitalen Challenger Bank mit kostenfreier Kontoführung und gratis Kreditkarte beziehen, ihre Ersparnisse bei Cryptocurrency-Handelsplattformen anlegen oder die Finanzierung für das erste Auto bei dem Bestanbieter über ein Vergleichsportal abschließen. Sollten sie aber einmal eine Rate aufgrund des Jobverlustes nicht bedienen können, müssen sie sich an das internationale Call Center wenden und können die Situation nicht persönlich mit ihrem Bankberater besprechen. Laut der EY Consumer Banking Umfrage sind das Vertrauen der Kunden, die Sicherheit und Vertraulichkeit der Daten unter den größten Assets der Hausbanken. Diese Assets heben die Hausbanken weiterhin von großen Technologieunternehmen und Plattformen ab. Den Kunden muss bewusst sein, dass die Gefahr von Cyber-Angriffen in digitalen Branchen, die zahlreiche digitale Angebote bieten, höher ist und somit der Wunsch des Kunden hinsichtlich Komfort im Widerspruch zu seinem Verlangen nach Vertraulichkeit seiner Daten steht.[55]

Die KPMG Österreich zeigt in einer Studie zu Cyber Security in Österreich 2021, dass viele österreichische Unternehmen Cyber Security nun als geschäftskritisch empfinden. Diese Empfindung spiegelt sich auch in den steigenden Cyber Security Budgets wider. Die Schlüsselergebnisse zeigen, dass 60 Prozent der befragten Unternehmen in Österreich im vergangenen Jahr Opfer eines Cyberangriffes waren. 78 Prozent der Befragten wünschen sich eine staatliche Unterstützung, wenn es sich um Cyber Security handelt. Bemerkenswert sind auch die 49 Prozent der befragten Unternehmen, die in den Schutz vor Crypto Locker und Ransomware investieren würden, wenn dies nicht so kostspielig wäre. Dagegen vertrauen nur 19 Prozent der Unternehmen, die für die Studie herangezogen wurden, in die Sicherheitssysteme ihrer Lieferanten und Cloud-Dienstleister.[56] Somit müssen sich Unternehmen mit den Themen Datenschutz und Informationssicherheit auseinandersetzen und die Vertraulichkeit sowie Verfügbarkeit der Unternehmensressourcen sicherstellen. Um eine erfolgreiche digitale Transformation zu erreichen, ist ein ISMS ein wichtiger Baustein. Daher gilt es zur Abwehr von diversen Hackerangriffen auch die Cloud- und Social-Network-Strategie zu berücksichtigen.[57]

---

[55] Vgl. Ernst & Young (2021) [Online]

[56] Vgl. KPMG (2021) [Online]

[57] Vgl. Hanschke (2021), S.9

4.1.2 Chancen der Digitalisierung für digitale Hausbanken

Laut EY können etablierte Hausbanken mit Hilfe der Transaktionsdaten die Verbindung zu ihren Kunden wiederherstellen. Diese Vertrautheit ging möglicherweise durch die Distanz im Alltag verloren. Banken können maßgeschneiderte Produkte und Dienstleistungen zum richtigen Zeitpunkt und über den passenden Kommunikationskanal platzieren, indem sie die Daten und Transaktionen ihrer Kunden analysieren und auswerten. Auf diese Art und Weise gelingt es ihnen, die Kunden stärker an die Bank zu binden und sich gegenüber dem Wettbewerb zu differenzieren. Nutzen Banken das ausgesprochen große Potenzial von offensichtlichen Use Cases, wie zum Beispiel ein Angebot über ein Beratungsgespräch zur Wohnraumfinanzierung, sobald erstmals Kindergeld bezogen wird, können sie sich erfolgreich von einer etablierten Bank zu einer digitalen Hausbank transformieren.[58]

4.2 Neue Filialmodelle ausgerichtet an Kundenbedürfnisse

Mit neuen Filialmodellen sichern sich Banken regionale Präsenz und Kundennähe. Dabei wird besonderer Fokus auf die Kundenbedürfnisse sowie die Differenzierung des Leistungsangebots gelegt. In den vergangenen Jahren haben digitale Kanäle stark an Bedeutung gewonnen. Diverse Zugangswege, wie zum Beispiel Homepages, Apps oder Smartphones, ermöglichen Kunden immer und überall mit ihrer Bank in Kontakt zu treten. Auf diese Art und Weise stehen dem Kunden kostenlose und jederzeit aufrufbare Informationen zu Bankprodukten zur Verfügung. Die Transparenz über diverse Finanzprodukte führt zu Kunden, die besser informiert sind, zu erhöhtem Wettbewerb und zu einer höheren Vergleichbarkeit von Preisen und Leistungen. Branchenfremde Anbieter, wie zum Beispiel FinTechs oder Technologieunternehmen wie Google oder Facebook drängen zusätzlich auf den Markt. Sie erfüllen die Kundenbedürfnisse einer mit störenden, digitalen Technologien aufgewachsenen Generation teilweise besser und kostengünstiger als traditionelle Banken. Die Filiale steht in diesem Umfeld für Qualität und die Existenzberechtigung ergibt sich aus der hohen Qualität der Beratung und aus konkreten Lösungen der Kundenanliegen. Multikanalbanken legen den Fokus auf die persönliche und individuelle Gestaltung der Interaktion mit den Kunden. Die Kundenanforderungen einer Universalbank, die umfassende Leistungen anbietet, lassen sich dagegen in zwei Kategorien einteilen. Zum einen wollen Kunden Serviceleistungen zu Produkten, die bereits bestehen oder zu der laufenden Kundenbeziehung. Es handelt sich hier meistens um Hygienefaktoren, welche ohne Terminvereinbarung erfüllt werden. Als wichtigste Beispiele gelten hier die Bargeldversorgung, Fragen zu Änderungen von Daueraufträgen oder Konteninformationen. Zum anderen wollen Kunden hoch qualifizierte Beratung zu komplexen Bankprodukten wie Wertpapieranlagen oder

[58] Vgl. Taborsky/Schöckler (2021) [Online]

Baufinanzierungen. Es lässt sich also festhalten, dass sowohl ein Service- und Basisprodukt-orientiertes Kundenbedürfnis besteht als auch ein Bedürfnis nach hoch qualifizierter Beratung.[59]

Die Digitalisierung wirkt sich vor allem auf das Filialgeschäft aus und sie wird von den Kunden der Banken in erster Linie durch das Online Banking oder Banking Apps erlebt. Sowohl die Notwendigkeit als auch die Chancen der Digitalisierung haben eine große Bedeutung. Um die erforderlichen Effekte auf Kosten und Erträge zu erzielen, wird eine ganzheitliche und vernetzte Betrachtung der Prozesse im Front- sowie im Backoffice benötigt. Eine digitale Neugestaltung und Optimierung der einzelnen Kundenkontaktpunkte allein sind nicht ausreichend. Es ist wichtig, dass die Prozesse end-to-end weiterentwickelt werden.
Die Steigerung der Prozesseffizienz und des Kundenerlebnisses hängt von einer effektiven Digitalisierung der Prozesse ab. Somit betrifft die Digitalisierung nicht nur den Trend der Veränderung der originären und digitalen Vertriebskanäle, sondern auch die Veränderung des gesamten Unternehmens und den damit verbundenen Filialprozessen. Als Beispiel lässt sich die Commerzbank einbringen, die sich bewusst für eine Wachstumsstrategie unter aktivem Einbezug der Filialen als Vertriebskanal entschieden hat. Die Filiale spielt eine wichtige Rolle als Vertriebskanal in der Multikanal- und Wachstumsstrategie. Es wird angestrebt, die vollständige Integration und die Profitabilität des Filialgeschäfts durch die Multikanalstrategie zu steigern. Um dieses Ziel erreichen zu können, müssen Filialen Teil der Multikanalstrategie werden. Durch die Vernetzung der Kanäle wird ein Mehrwert für Kunden und die Bank geschaffen. Außerdem geht der persönliche Kontakt zum Bankberater nicht verloren. In weiterer Folge soll zur Erreichung des Zieles auf agilen Organisationsformen und Arbeitsweisen in Banken gesetzt werden. Entsprechend gilt es, dass Prozesse und Vertriebsmaßnahmen interaktiver und innovationsfreudiger verlaufen. Dieser Prozess wird durch einen kulturellen Wandel begleitet. Digitale Technologien ermöglichen neue, aber auch veränderte Formen der Kundensprache – auch in der Filiale. Verschiedene Informationen werden in digitale Medien geteilt und führen somit zu gemeinsamen Beratungserfolgen. Die Selbstbedienung im Foyer der verschiedensten Filialen ist bereits digitaler und interaktiver. Der Kontoauszug wird mittelfristig aus dem Bankfoyer verschwinden und durch Kundeninformation auf dem Smartphone oder in der App, welche die Funktion des Bankterminals zunehmend übernehmen, ersetzt. In der Literatur werden die Strategien zur Digitalisierung allgemein gehalten. Das Wesentliche dabei ist, die passende Digitalisierungsstrategie auf die jeweilige Marktsituation des eigenen Instituts zu beziehen.[60]

Aus diesem Grund wurden die Geschäftsberichte 2019 oder die Halbjahresberichte 2020 von verschiedenen österreichischen Banken herangezogen, um zu sehen, wie österreichische Banken ihre Vision, ihre Mission sowie ihre Werte hinsichtlich der Digitalisierung

[59] Vgl. Keck/Stoll (2018), S.308f
[60] Vgl. Keck/Stoll (2018), S.308f

definieren. Es wurde kritisch gewürdigt, wo die Banken ihre Schwerpunkte setzen und wie sie diese umsetzen wollen. Allerdings lässt sich nach Durchsicht der verschiedenen Geschäftsberichte daraus schließen, dass Geschäftsberichte der Banken zu wenig Informationen über ihre Strategie sowie ihre operative Umsetzung enthalten. Dennoch wird in weiterer Folge versucht, die Strategien, soweit diese aus den Geschäftsberichten zu entnehmen waren, zu präsentieren.

4.2.1 Erste Bank und Sparkassen

Die Erste Bank Österreich und die Sparkassen, die in sieben Landesverbänden organisiert sind, bilden ein Netz von insgesamt 1.075 Zweigstellen in Österreich.[61] Das Ziel von Erste Bank und den Sparkassen als klassische Universalbanken ist das Angebot einer umfangreichen Produktpalette und eines persönlichen Services für die mittlerweile 3,8 Millionen Privatkunden und mittelständischen Unternehmen. Als Finanzdienstleister bieten sie Produkte, wie zum Beispiel Sparbuch über Wohn- und Konsumkredite, Kontoführung, Bankkarten, Veranlagungen, Leasing und Pensionskassenlösungen an. Was den Service ihrer Privatpersonen anbelangt, haben die Erste Bank und die Sparkassen ein spezielles Produktportfolio für Jugendliche und Studierende.[62]

Nach der Finanzkrise 2008/2009 hat sich einiges auf den Finanzmärkten geändert. Banken hatten mit strengen regulatorischen Vorgaben zu kämpfen und es haben sich neue Konkurrenz-Konstellationen entwickelt. Allerdings haben sich die großen Player der Banken, die in Österreich aktiv sind, nach der Finanzkrise gut erholt. Die Erste Bank sticht mit der Weiterentwicklung im Online-Banking-System mit der App George heraus. Entwickelt wurde die digitale Banking-Plattform George von dem hauseigenen FinTech der Erste Group Bank AG. Raiffeisen mit der ELBA-App und die VKB-Bank mit VKB CONNECT, welche auch eine individuelle Nutzeroberfläche im Online-Banking ermöglichen, zogen erst später nach.[63]

Diese Online Banking App ermöglicht den Sparkassen-Kunden eine übersichtlichere Kontodarstellung. Bereits 2018 erledigten fast 1,5 Millionen Nutzer – jeder dritte Online-Banking-User in Österreich – tägliche Bankgeschäfte über George. Die Online Banking App hat sich bereits nach der erfolgreichen Einführung als modernste und beliebteste Banking-Plattform in Österreich etabliert. Der Aufbau einer einheitlichen digitalen Banking-Plattform in ihren sieben Kernmärkten, welche Österreich, Tschechien, Slowakei, Rumänien, Ungarn,

[61] Vgl. sparkasse.at - Über uns (2021) [Online]
[62] Vgl. ebspk-factsheet (2021) [Online]
[63] Vgl. Der Standard (2019) [Online]

Kroatien und Serbien sind, war das Hauptziel. Somit wurde George als erste paneuropäische Online Banking Plattform, die eine umfassende Produktpalette bietet, aufgestellt.[64]

Die Sparkassengruppe ermöglicht ihren Kunden, George an individuelle Bedürfnisse anzupassen. Eine ganze Reihe an Plug-ins macht die Erledigung von Bankgeschäften effektiver und einfacher. Beispielsweise erinnert der Service Remember2Pay an die Bezahlung von fälligen Rechnungen.[65]

Die Erste Bank und die Sparkassen gestalteten auch die s Mastercard digital, welche dann auf das Smartphone kam. Somit schaffte es die Sparkassengruppe auch in diesem Bereich erneut digitaler Vorreiter zu werden. Die HCE-basierte Kontaktloszahlung wurde von der Sparkassengruppe als erste auf den österreichischen Markt gebracht. Mit der digitalen Kreditkarte am Handy können Kunden von Erste Bank und den Sparkassen mit ihrem Smartphone kontaktlos an Bankomatkassen bezahlen bzw. kontaktlos Geld auf der ganzen Welt abheben. Voraussetzungen für die mobile s Kreditkarte ist die s Mastercard, ein NFC-fähiges Smartphone mit Android ab Version 4.4 und die George-App gewesen. Da für die dritte Voraussetzung die NFC-Schnittstellen von Apple vorerst nicht freigegeben wurden, war die Lösung Smartphone-Nutzern mit dem iOS-Betriebssystem nicht vorbehalten. Um an der Kasse mit dem Smartphone bezahlen zu können, musste die NFC-Funktion am Handy aktiviert sein. Mit der HCE-Technologie erfolgt das Bezahlen mit dem Smartphone noch sicherer. Die physische Karte wird auf einem Android Smartphone digitalisiert und es erhält einen sogenannten Token. Das bedeutet, dass der Kartenaustauch beim Bezahlen nicht mehr notwendig ist und somit auch der Schaden aus potenziellem Diebstahl reduziert wird.[66]

Die Banking-Plattform ist aufgrund der offenen Plattform und der API-basierten Architektur sehr flexibel und individuell gestaltbar. Aus diesem Grund ist die Kooperation mit FinTechs oder anderen Fremdanbietern für George enorm geeignet. Die Modularisierung, die durch den API-Ansatz ermöglicht wird, gewährleistet mehr Sicherheit, Flexibilität und Qualität. Erste Bank und Sparkassen stellen sicher, dass George weiterhin wachsen kann – vor allem als Plattform, um seinen Kunden neue Produkte und Dienstleistungen anbieten zu können.[67]

---

[64] Vgl. Erste Group (2021) [Online]

[65] Vgl. Erste Group (2021) [Online]

[66] Vgl. Erste Group (2021) [Online]

[67] Vgl. Erste Group (2021) [Online]

4.2.2 Raiffeisen

Die Raiffeisenbank Oberösterreich wird als erstes Beispiel angeführt. Raiffeisen ist in Österreich „ein regional geprägter und freiwilliger Verbund von Genossenschaften“[68], welcher in drei Bereiche gegliedert werden kann: die Vertretungs-Genossenschaften, die Lagerhaus-Genossenschaften und die Genossenschaften im Bereich Finanzen. Bereits nach Durchsicht der Website der Raiffeisenbank Oberösterreich lässt sich merken, dass die Digitalisierung ein großes Thema ist und sich dadurch die Finanzbranche im Wandel befindet. In den vergangenen Jahren haben sich die Prioritäten der Gesellschaft verschoben und die Bedürfnisse der Kunden und Unternehmen geändert. In kaum einem anderen Sektor als im Bankwesen schreiten die Innovation und die Digitalisierung so schnell voran. Der digitale Wandel ermöglicht gewachsenen Finanzinstituten eine Vielzahl an Chancen. Die Raiffeisenbank Oberösterreich versucht diese Chancen bestmöglich zu ergreifen und diese zum Wohle der Kunden auszuschöpfen. Als Bank fühlen sie sich sowohl ihren Kunden als auch ihren Partnern verpflichtet, das Bankgeschäft kontinuierlich auf dem neusten Stand der Digitalisierung zu halten. Themen, wie zum Beispiel das „Digital Banking“, das bereits etabliert wurde, werden laufend optimiert. In einer mobilen Welt spielt die Banking App, welche ELBA genannt wird, eine wichtige Rolle, um Bankgeschäfte einfach von unterwegs erledigen zu können. Der Raiffeisenbank Oberösterreich ist es äußerst wichtig, die eigenen Produkte und Leistungen ständig weiterzuentwickeln und die Förderung heimischer Innovationen ist ihr ein Anliegen.[69]

Auch auf die Raiffeisenlandesbank Oberösterreich wirkte die Corona-Krise als Beschleuniger für die Vereinfachung von Prozessen. Die enorme Dynamik in der Digitalisierung ist eine Folge von der Covid-19 Pandemie und sie zeigt nachhaltige Wirkung. Es wurden digitalisierte Prozesse, wie zum Beispiel beim Abschluss von Rechtsgeschäften, weiterentwickelt. Ein Digitalisierungsschub ist auch im Kundenverhalten deutlich spürbar. Das kontaktlose bzw. auch das bargeldlose Bezahlen wird seit dieser Pandemie stärker genutzt als bisher. Im Geschäftsbericht der Raiffeisenlandesbank Oberösterreich heißt es, dass bereits vier von fünf Kunden das Bezahlen am Point of Sale mit der Karte oder mit dem Smartphone nutzen. Künftig werden vor allem das Smartphone und andere Geräte, wie zum Beispiel die Smartwatch, zunehmend an Bedeutung gewinnen, wenn es um das einfache und bequeme Erledigen von Bankgeschäften geht.[70]

---

[68] Raiffeisenlandesbank Niederösterreich-Wien (2021) [Online]

[69] Vgl. Raiffeisen OÖ - Meine Bank (2021) [Online]

[70] Vgl. Halbjahresfinanzbericht 2020 (2021) [Online]

4.2.3 Volkskreditbank AG

Die Volkskreditbank AG, die 1873 als Genossenschaft gegründet wurde und die Rechtsform einer Aktiengesellschaft hat, stellt das Kundeninteresse und den Kundennutzen als Schwerpunkt. „Die VKB-Bank hat es sich zum Ziel gesetzt, mit menschlichem Banking und ehrlichen Bankgeschäften die Menschen und Unternehmen in Oberösterreich erfolgreicher und glücklicher zu machen."[71] Die VKB-Bank überlegt sich ein Zielbild und eine Strategieformulierung. Das Zielbild wird als gedachter Idealzustand in der Zukunft definiert, wobei die Zielvorstellungen als Strategieleitsätze formuliert werden. Dieses Zielbild besteht aus insgesamt vier Rahmenpunkten, die in der folgenden Grafik abgebildet werden.

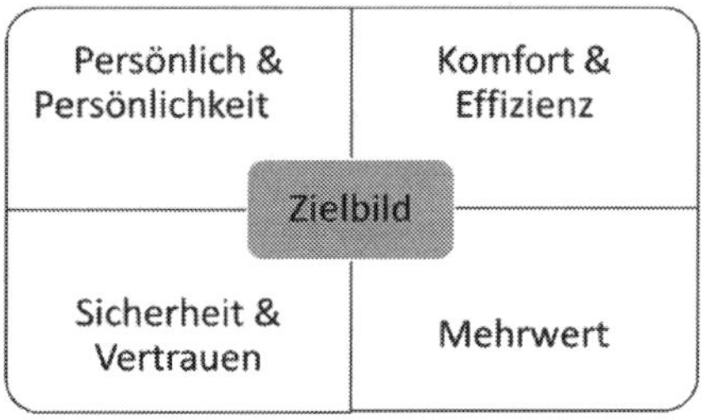

Abbildung 3 Das Zielbild (eigene Darstellung)

Beim ersten Rahmenpunkt „Persönlich & Persönlichkeit" handelt es sich um den persönlichen Kundenkontakt und der Bestrebungen nach der bestmöglichen Gestaltung der Werte für den Kunden. Was den nächsten Rahmenpunkt „Komfort & Effizienz" anbelangt, versucht die VKB-Bank alle Produkte und Dienstleistungen, jede Information und alle Prozesse komfortabel und einfach zu gestalten. Der Fokus liegt auch auf der Optimierung dieser Prozesse in der Bank. Da Kunden im Umgang mit ihren Daten Sicherheit erwarten, will die VKB-Bank dies gewährleisten, um so Vertrauen zu schaffen. Der letzte Rahmenpunkt setzt sich mit dem Mehrwert auseinander. Dabei versucht die Bank, jedes Vorhaben vor der Umsetzungsentscheidung auf ihren Mehrwert zu überprüfen.[72]

Der Geschäftsbericht 2019 der VKB-bank informiert zusätzlich über das neue Leitbild „Banking geht auch anders. Anders ist gut."[73], welches der Bank eine neue Ausrichtung ermöglicht. Die Volkskreditbank AG, die ein Modell der lernenden Organisation fördert, setzt ihren Fokus auf wertorientierte Geschäftsfelder und entwickelt somit neue Kunden- und Betreuungsschwerpunkte. Einer dieser Schwerpunkte heißt „Frauen gestalten Leben", mit welchem die Bank die finanzielle Selbstbestimmtheit von Frauen fördern möchte.

---

[71] Geschäftsbericht - VKB-Bank (2021) [Online]

[72] Ernst & Young (2021) [Online]

[73] Geschäftsbericht - VKB-Bank (2021) [Online]

Ein weiterer Schwerpunkt fokussiert sich auf die Banking Bedürfnisse der Generation 60plus – „Mit Sicherheit im besten Alter". Genauso wie die Raiffeisenlandesbank Oberösterreich hat auch die VKB-Bank eine neue Online-Banking App, die VKB CONNECT, eingeführt. Kunden der VKB-Bank haben über CONNECT+, dem Online-Service, die Möglichkeit, Produktinformationen einzusehen bzw. Geschäftsvorfälle online abzuwickeln. Mit diesem neuen Online Banking strebt sie das Verbinden „von digitalen Welten und persönlichen Beziehungen zu einem persönlichen Finanzmanagement und damit zu einem wertschöpfenden Miteinander"[74] an und schafft somit Raum für Innovation. Äußerst wichtig ist bei der außenorientierten Digitalisierung der VKB-Bank die orts- und zeitunabhängige Betreuung. Dies bedeutet, dass der Kundenbetreuer in der Lage ist, den Kunden seinen Wünschen und Bedürfnissen entsprechend orts- und zeitunabhängig zu betreuen. Dies bezieht technische sowie organisatorische Erweiterungen, wie zum Beispiel das Abfragen von Informationen der Betreuung, das Eingeben dieser ins System oder die Erzeugung von Vertragsdokumenten. Vertragsdokumente können auch digital zur Unterfertigung zur Verfügung gestellt werden. Des Weiteren legt die Bank großen Wert auf kürzeste Antwortzeiten, die dem Kunden über die von ihm gewählten Kommunikationskanäle sichergestellt werden.[75]

Die VKB-Bank fühlt sich für eine nachhaltige Entwicklung ihrer Heimat verantwortlich und legt somit das Hauptaugenmerk auf die Kunden und nicht auf die Gewinnoptimierung.
Die VKB-Bank versucht ihre Kunden pro aktiv im digitalen Wandel zu begleiten und zu unterstützen.[76]

4.3 FinTechs

FinTech ist ein Sammelbegriff für die Digitalisierung im Sektor der Finanzdienstleistungen. Dieser Sammelbegriff setzt sich aus den Begriffen „Financial" und „Technology" zusammen. Die meist als Startup geführten Unternehmen bieten Bankgeschäfte, die auf einer hohen Nutzung von Informationstechnologie basieren, an. Sowohl als B2C- als auch als B2B-Technologiepartner optimieren, standardisieren und automatisieren sie über moderne Technologien und innovative Lösungen Prozesse, wie zum Beispiel das Bezahlen, das Ablegen, das Finanzieren und das Beraten. FinTechs streben die Verbesserung des Kundenmehrwerts, der Qualität der Abwicklung und der Innovationen an. Diese jungen Unternehmen wollen in den Geschäftsfeldern der Banken durch disruptive Innovation die klassischen Bankdienstleistungen verändern. Sie zeichnen sich durch ihren agilen Aufbau eines Business-Eco-Systems und der Integrationsfähigkeit in digitale Plattformen aus. FinTech-Unternehmen arbeiten entweder mit klassischen Finanzinstituten zusammen oder stehen zu ihnen im Wettbewerb. Der Grund warum, Finanzdienstleister mit FinTechs Kooperationen

[74] Geschäftsbericht - VKB-Bank (2021) [Online]
[75] Vgl. Fachgespräch, Mag. Christoph Wurm (2021)
[76] Vgl. Geschäftsbericht - VKB-Bank (2021) [Online]

abschließen, ist, um die Digitalisierung im eigenen Unternehmen schneller voranzutreiben. Blockchain, Big Data, KI, Machine Learning und Wearables sind wesentliche Technologietrends im Finanzsektor. Insbesondere sind Wearables, die eine weite Bandbreite von Möglichkeiten haben, beliebt. Der Bankberater am Handgelenk kann zu dramatischen Maßnahmen greifen. Die Smartwatch oder das Armband ist mit dem Konto des Trägers verbunden und kann dadurch die Ausgaben immer und von überall überwachen. Wenn man beispielsweise ein selbst gesetztes Limit der Ausgaben überschreitet, sendet die Smartwatch einen leichten Stromschlag aus. Das heißt, dass die Träger der Smartwatches und dieser Art von Armbändern so konditioniert werden, weniger Geld auszugeben.[77]

Der Technologietrend der Blockchain hat noch nicht die großen Erwartungen der Finanzinstitute hinsichtlich Veränderungen in der Finanzbranche erfüllt. Dennoch investieren die meisten Finanzinstitute in diese Technologie, wovon FinTechs profitieren. Arbo Ventures oder First Round Capital sind Beispiele für Startups in diesem Bereich. Große Banken wie zum Beispiel Barclays, Credit Suisse, JPMorgan, Commerzbank oder Deutsche Bank schließen sich unter der Führung eines FinTechs zu Konsortien zusammen und erforschen dieses Feld bzw. führen in einem ersten Blockchain-Netzwerk erste Finanztransaktionen aus. Durch die Erfahrungen, die in diesem Themenfeld gesammelt werden, können neue digitale Geschäftsmodelle entstehen. Auch der neue Mobilfunkstandard 5G, der Zahlungstransfers und Vernetzung in Echtzeit ermöglicht, ist ein aktuelles Thema im Finanzsektor. Dadurch kann der Transport von großen Datenmengen in geringer Latenzzeit passieren und die Verzögerung wird im Vergleich zum 4G-Netz enorm verringert. Zahlungs- und Banking-Transfers können somit ohne Wartezeit getätigt werden.[78]

Des Weiteren verwenden Finanzinstitute erfolgte Zahlungen, Informationen aus sozialen Netzwerken, historische Daten und andere Daten zum Kundenverhalten für ihre Scoring-Modelle. Unter Anwendung von Data Analytics erhalten sie Empfehlungen und Prognosen, was den Banken die Möglichkeit gibt, ihren Kunden personalisierte Angebote, Mehrwertdienste und einen verbesserten Kundenservice anzubieten.[79]

4.3.1 Erfolg der Banken durch Kooperation mit FinTechs

Finanzwissenschaftler Stefan Mittnik behauptet, dass die Hauptbedrohung aus der Algorithmierung der Standardprozesse von Banken resultiert. Denn alles was algorithmisiert werden kann, kann auch automatisiert werden. Beispiele dafür sind Kreditvergaben, Zahlungsverkehr und Geldanlagen. Mittnik glaubt aber nicht an das Aussterben der Großbanken und auch nicht daran, dass FinTechs in diesem Feld die Macht übernehmen.

[77] Vgl. Hanschke (2021), S.64ff
[78] Vgl. Erste Group (2021) [Online]
[79] Vgl. Hanschke (2021), S.64ff

Junge Unternehmen wie FinTechs unterschätzen oft, wie schwierig es ist Kunden zu gewinnen. Außerdem besitzen die traditionellen Banken Daten, die über jahrelange Geschäftskontakte entstanden sind und für solche Startups von großem Nutzen sein können. Laut dem Finanzwissenschaftler wird daher die Lösung der Zukunft eher die Kooperation der Banken mit den FinTechs sein.[80]

Es gibt viele Marktteilnehmer, die in den FinTechs keine Gefahr sehen. Eine Zusammenarbeit mit diesen Startups stellt eher eine Erweiterung der Branche dar. Der Vorteil des Finanzberaters liegt darin, dass er seinen Kunden persönliche Beratungen zu diversen Angelegenheiten bieten kann. Menschen können sich daher für die Zukunft eine Art Verbindung von Finanzberatern und FinTechs vorstellen. Der persönliche Berater ist für den individuellen Service zuständig, während Produktvergleiche über digitale Plattformen bzw. Anbieter erfolgen können. Die Zukunft der Branche hängt aber letztendlich vom Kunden ab. Der Kunde entscheidet, wie er bedient werden möchte.[81]

4.3.2 Praxisbeispiel anhand einer digitalen Bank – N26

N26 ist eine deutsche Direktbank, die von zwei Wienern 2013 gegründet wurde und ihren Sitz in Berlin hat. Die mobile Bank fokussiert sich auf die Kontoführung per Smartphone und bietet 100% digitales Banking, das einfach und transparent ist. Die benutzerfreundliche App soll das Leben der Kunden mit Hilfe von Innovationstechnologien vereinfachen.
Den N26-Kunden wird die Möglichkeit gegeben nicht nur ihr Banking, sondern auch ihr Leben so zu gestalten, wie sie es wollen.[82]

Die mobile Bank hat es sich zu ihrem Ziel gesetzt, in wenigen Jahren 100 Millionen Kunden zu haben. „Die Zukunft des Bankings ist, die Bankfiliale bei sich zu tragen."[83], meint Georg Hauer, der General Manager der N26 für Österreich. Eine Kontoeröffnung bei N26 kann ganz einfach mittels Foto- oder Video-Identifizierung erfolgen. Laut Angaben der mobilen Bank N26 dauert dies nur acht Minuten. Des Weiteren wird das Geldausgeben und –verwalten mit der Smartphone-App für Kunden besonders leicht gemacht. Bei Kartenverlust haben Nutzer dieser App die Möglichkeit, ihre Kontokarte selbst zu sperren bzw. die Sperre wieder aufzuheben, wenn die Karte gefunden wird. Der Einstieg über die Website der Direktbank per Computer ins Konto ist auch möglich.

---

[80] Vgl. Oberhuber (2017) [Online]

[81] Vgl. Behringer (2020), S.3

[82] Vgl. n26.com (2021) [Online]

[83] Die Wirtschaft (2021) [Online]

Da die Gründer der N26 von Grund auf digital gedacht haben, können sie ihren Kunden neue Produkte und Dienstleistungen schnell und flexibel anbieten. Die deutsche Direktbank besitzt derzeit eine europäische Banklizenz und ist in 24 europäischen Ländern vertreten.[84] 2021 erreicht die mobile Bank bereits 7 Millionen Kunden und baut das Team im Produkt- und Tech-Bereich um 200 Mitarbeiter aus. Mit einer Kundenzahl von über 7 Millionen schafft sie es ihre Position als führende digitale Bank Europas zu festigen. Das Transaktionsvolumen der N26 steigt im Jahr 2020 überproportional und beträgt monatlich 5,5 Milliarden Euro. Der Geschäftsführer erklärt auch, dass in der Corona-Pandemie zahlreiche Menschen digitales Banking entdeckt haben und die N26 dadurch europäische Marktführer im Bereich mobiles Banking geworden sind. Damit das Management der Finanzen für die Kunden so einfach wie möglich ist, investiert N26 kontinuierlich in die Weiterentwicklung der mobilen App. Es gibt alle drei Wochen eine neues App-Update, welches viele neue Features mit sich bringt. Zusätzlich strebt N26 den Start eines Marktplatzes für Finanzprodukte, wie zum Beispiel Sparprodukte, Kredite, Trading und Kryptowährungen, an. N26 hat für seine Premiumkunden auch das Angebot ausgebaut. Dazu zählen beispielsweise das neue Kontomodell für das tägliche Banking, Gemeinschaftskonten, virtuelle Karten und das automatisierte Sparen.

Auch bei der mobilen Bank spielt das Kundenservice eine wichtige Rolle. Die Kunden der Direktbank werden rund um die Uhr mit den neuesten digitalen Tools, wie zum Beispiel die Chatbots betreut. Laut einer Pressemitteilung haben Kundenservice-Mitarbeiter der N26 allein im vergangenen Jahr 11.000 Stunden in diverse Schulungen investiert. Was die durchschnittliche Beantwortungszeit der Kundenanfragen betrifft, liegt diese bei rund 30 Sekunden.[85]

In der Zukunft legt die Challenger Bank ihren Schwerpunkt auf die Entwicklung innovativer Services. Diese werden an den drei Forschungsstandorten Berlin, Wien und Barcelona entstehen, da sie für den weltweiten Roll-Out geplant werden. Doch anders als die traditionellen Banken ist die N26 nicht der Meinung, dass IoT oder Voice Banking ein Thema der Banken sein sollte. Die mobile Bank forscht zwar an vielen verschiedenen Themen, aber sie setzt den Fokus nur auf wenige zentrale Bereiche. Die Flughöhe für Voice Banking wurde noch nicht erreicht. Produkte dafür zu entwickeln, würde es noch nicht rechtfertigen. Der Geschäftsführer sieht hier noch nicht das Bedürfnis der Kunden und erklärt, dass sich die Voice Steuerung zuerst in anderen Bereichen etablieren müsste, bevor Menschen ihre täglichen Bankgeschäfte darüber abwickeln. Dagegen fokussiert sich N26 verstärkt auf Shared-Banking-Services. Die digitale Bank will Familienmitgliedern und Freunden die gemeinsame Kontrolle ihrer Finanzen ermöglichen. Gemeinschaftskonten oder geteilte Rechnungen sind oftmals mit einem hohen Aufwand und komplizierten Verträgen verbunden.

[84] Vgl. Die Wirtschaft (2021) [Online]
[85] Vgl. n26.com (2021) [Online]

Bei N26 soll die Eröffnung eines Gemeinschaftskontos so einfach wie die Erstellung einer WhatsApp-Gruppe funktionieren. Shared-Banking zählt somit als eine weitere Mission der N26, um ihren Kunden das Banking flexibler und einfacher zu machen.[86]

4.4 Neue Ansätze in der Kundenbeziehung

Es ist kein Geheimnis mehr, dass der digitale Wandel das Kundenverhalten in allen Branchen verändert hat und somit neue Ansätze in der Kundebeziehung entstanden sind.
Das klassische Bankgeschäft stand bereits in der Finanzkrise 2008/2009 vor großen Herausforderungen, da Anpassungen der Regulierungen notwendig waren und es mit dem anhaltenden Niedrigzinsumfeld zu kämpfen hatte. Nun steigen auch die technologischen Herausforderungen durch die Digitalisierung, um die hohen Erwartungen der Kunden zu erfüllen. Sowohl private Kunden als auch Unternehmen benötigen starke Banken als Partner. Auch die COVID-19 Pandemie hat gezeigt, dass die Rolle der Hausbanken wieder viel stärker in den Fokus rückt. Dadurch, dass Bankprodukte auf verschiedene Art und Weise unterschiedlichen Nutzen bei den Kunden erzeugen können, ist es für Kreditinstitute umso wichtiger bei ihren Angeboten nicht nur auf Sicherheit und Rendite zu setzen, sondern auch die Kundenwünsche im Blick zu haben. Es gibt sechs Dimensionen des Kundennutzens, welche von Georgi und Mink definiert wurden und in weiterer Folge näher erläutert werden.[87]

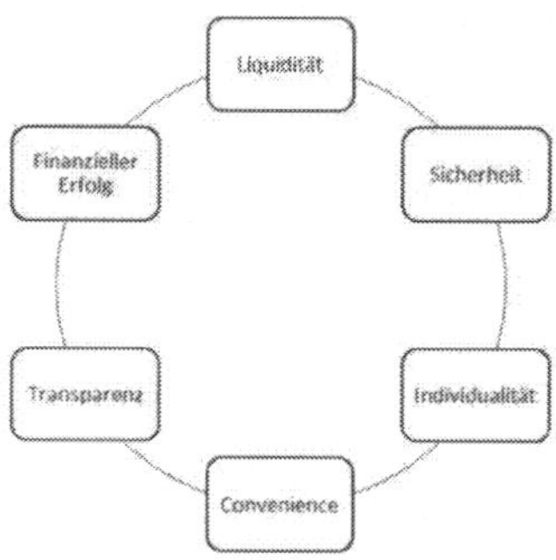

Abbildung 4 Die sechs Dimensionen des Kundennutzens (eigene Darstellung)

Finanzieller Erfolg
Der finanzielle Erfolg ist monetär und beschreibt das Ergebnis eines Produktes. Dabei lässt die hohe Renditeerwartung einen hohen finanziellen Erfolg erwarten. Zusätzlich haben die Kosten eines Produktes eine Auswirkung auf den finanziellen Erfolg.

---

[86] Vgl. Finanzmagazin (2020) [Online]
[87] Vgl. Kehr/Gummersbach (2020), S.91ff

Sicherheit
Bei der Sicherheit handelt es sich um den Substanzerhalt. Um möglichst viel Sicherheit zu haben, muss auf Rendite verzichtet werden. Der Kundennutzen Sicherheit kann sich aber auch auf andere Aspekte, wie zum Beispiel sichere Konditionen bei Zinserträgen und Kosten oder sichere Prozesse, beziehen.

Liquidität
Eines der wichtigsten Aspekte bei der Liquidität ist die problemlose Umwandlung von investiertem Kapital zu Bargeld oder zu einem Guthaben bei der Bank.

Transparenz
Bei diesem Kundennutzen handelt es sich um ein Grundbedürfnis, welches auch bereits allein einen Nutzen darstellt. Die Kunden haben das Bedürfnis, Aspekte ihrer Dienstleistungen zu verstehen und müssen auch die Möglichkeit dazu haben. Eine klare Kommunikation zwischen dem Kunden und der Bank ist daher sehr wichtig, um diverse Eigenschaften eines Produktes oder einer Dienstleistung sowie deren Kosten zu besprechen. Die Transparenz als Kundennutzen trägt als Entscheidungssicherheit des Kunden bei.

Convenience
Die Convenience entspricht im Wesentlichen dem Begriff der Einfachheit und bezieht sich auf alle möglichen Aspekte der Produktnutzung im weitesten Sinne. Dieser Kundennutzen entsteht erst dann, wenn der Abschluss sowie die Pflege hinsichtlich des Produktes oder der Dienstleistung und die damit im Zusammenhang stehenden Prozesse bei dem Kunden so einfach wie möglich sind.

Individualität
Passen Produkte zu speziellen Bedürfnissen der Kunden, ist eine Individualisierbarkeit der Produkte sichergestellt. Somit bezieht sich die Individualität auf alle anderen fünf Dimensionen des Kundennutzens. Die Ausführungen zu den Anforderungen an einen Kundennutzen hängt vor allem von den Beziehungen der Kreditinstitute zu ihren Kunden ab. Im B2B-Geschäft und besonders im internationalen Firmenkundengeschäft erhalten diese Erkenntnisse eine besondere Qualität. Komplexe Produkte und Dienstleistungen in diesem Geschäft erfordern ein hohes Maß an Qualität durch die Banken.[88]

Was das Firmenkundengeschäft betrifft, steigen auch hier die Produktanforderungen, wobei Komfort und Transparenz im Fokus stehen. Hier stellt sich die Frage, mit welchen Produkten die Banken aktuell Geld verdienen. Während die Nachfrage nach Corporate-Finance-Produkten anhält und die Nachfrage nach beispielsweise M&A-Dienstleistungen, nach ECM und vor allem nach DCM im Rahmen eines langfristigen Trends steigt, verändert

[88] Vgl. Kehr/Gummersbach (2020), S. 91ff

sich die Nachfrage nach Produkten bezogen auf das Risikomanagement stark. Im Hinblick auf die aktuelle Zinssituation sind Absicherungen für Zinsrisiken weniger stark nachgefragt. Im Gegensatz dazu werden aber Derivate im Währungs- und Rohstoffbereich weiterhin in großem Umfang verwendet. Durch die höhere Transparenz und das Aufkommen von neuen Wettbewerbern aus dem Technologiebereich geraten die Margen, die Banken damit verdienen, stark unter Druck.[89]

4.4.1 Der Kunde steht im Vordergrund bei digitalen Geschäftsmodellen

Der Kunde steht im Mittelpunkt, wenn es sich um digitale Geschäftsmodelle handelt. Das Ziel bei der Entwicklung des zukünftigen Produkt- und Dienstleistungsspektrums ist es, als Endergebnis positivere Kundenerlebnisse als die Wettbewerber zu erzeugen. Customer Experience stellt die Gesamtheit aller persönlichen Erfahrungen der einzelnen Kunden mit dem Unternehmen über alle mögliche Touchpoints, wie zum Beispiel das Internetportal, die App oder dem Service-Personal, dar. Erzielt ein Unternehmen viele positive Kundenerlebnisse, schafft es Vertrauen und erzeugt gleichzeitig Kundenbindung.

Bereits mit dem Marketing und dem Vertrieb beginnt der Kunde, Erfahrungen mit dem Unternehmen zu sammeln. Die Aufgabe des Unternehmens ist es schon hier positive Kundenerlebnisse zu erzeugen, in dem das Produkt oder die Dienstleistung entweder einen Coolness-Faktor oder einen anderen Mehrwert für den Kunden aufweist. Folglich werden Beispiele für positive Kundenerlebnisse aufgelistet:[90]

- Personalisierte und maßgeschneiderte Produkte und Dienstleistungen (orts- und zeitunabhängige Services)
- Die Kundenbindung wird auch durch Komfortfunktionen, wie zum Beispiel „Rund-um-sorglos"-Dienstleistungspakete oder zusätzliche Beratungsleistungen, erhöht.
- Die Produkte und Dienstleistungen sind von überall, jederzeit und einfach nutzbar. Ein entscheidender Faktor für positive Kundenerlebnisse ist daher die Benutzerfreundlichkeit.
- Die Transparenz und die Vergleichbarkeit des Leistungsumfangs und des Preises müssen gegeben sein.

Als Customer Journey wird eine prototypische Reise eines Kunden bezeichnet. Die verschiedenen Stationen sind die Kontaktpunkte. Daher sollen Unternehmen in dieser digitalen Transformation alle möglichen Kundenerlebnisse entlang der sogenannten Customer Journey einbeziehen. Die positiven Kundenerlebnisse, welche über die gesamte Customer Journey gesammelt werden, ermöglichen den Aufbau einer emotionalen Bindung zum

---

[89] Vgl.Kehr/Gummersbach (2020), S.91ff

[90] Vgl.Hanschke (2021), S.15ff

Kunden. Positive Customer Experience wirkt sich positiv auf die Nutzungsintensität und die Kaufbereitschaft aus. Kunden erwarten hier maßgeschneiderte Produkte und Dienstleistungen, die einfach zu benutzen sind und sich an deren über die Zeit veränderten Bedürfnissen anpassen. Diese Produkte und Dienstleistungen müssen über alle für den Kunden interessanten Omnikanäle, wie zum Beispiel das Kundenportal, Mail, Smartphone oder Social Media, zugänglich sein. Damit das Unternehmen diese Produkte und Dienstleistungen schnell und flexibel zur Verfügung stellen kann, sind die End-to-end-Prozesse zu optimieren und soweit wie möglich zu automatisieren. Besitzen Unternehmen die Fähigkeit aus vorhandenen Daten einen Mehrwert zu ziehen, stellt dies einen Wettbewerbsfaktor für sie dar. Digitale Plattformen, IoT, die Vernetzung von Geschäftspartnern und das zunehmende Machine-Learning ermöglichen es, neue Kundenbedürfnisse zu wecken und diese ständig zu befriedigen. Um den sich ständig verändernden Wettbewerb zu überstehen, muss dauerhaft und wirtschaftlich Mehrwert für den Kunden geschaffen werden. Durch Automatisierung können Geschäftsprozesse optimiert und der Großteil der Leistungen im eigenen Unternehmen bereitgestellt werden. Customer Experience wird häufig als Differenzierungsmerkmal, das die neue Währung auf dem Marktplatz darstellt, für Unternehmen beschrieben. Positive Kundenerlebnisse ermöglichen eine Marke aufzubauen und somit die Kundenbindung und die -loyalität zu fördern. Als Markenbotschafter erklären sich Kunden bereit für positive Erlebnisse tiefer in die Tasche zu greifen.[91]

Ein weiterer wichtiger Aspekt für Unternehmen ist es herauszufinden, was ihre Kunden überhaupt und auf welche Art und Weise wollen. Daraufhin muss das Unternehmen überlegen, wie sie die Wünsche ihrer Kunden befriedigen können. Trotz des digitalen Wandels kann das Zusammenarbeiten mit Robotern seine Grenzen haben, wenn Kunden sich persönlichen Kontakt zu einem Ansprechpartner wünschen. Um erfolgreich Kundenmehrwert zu erzeugen, ist es essenziell, dass Unternehmen relevante Daten sammeln, analysieren und nutzen. Digitale Unternehmen sind datengetrieben und datengesteuert.[92]

[91] Vgl. Hanschke (2021), S.15ff

[92] Vgl. Hanschke (2021), S.15ff

5 Ausblick – Die Zukunft der Banken

Die KPMG-Studie zum Banking in Österreich zeigt, wie Bankexperten ins Jahr 2030 blicken. Neue und große Mitbewerber aus dem Bankenbereich werden nicht erwartet. Allerdings besteht die Möglichkeit, dass neue Marktteilnehmer eintreten. Wird der Technologiebereich betrachtet, sieht es da hinsichtlich der Konkurrenz anders aus. Amazon, Google, Apple, Facebook und Co sind für die verschiedensten Bankinstitute als Konkurrenten ernst zu nehmen. Der Umgang mit den Regularien stellt für Tech-Giganten und neue Anbieter am Markt eine große Herausforderung dar. Doch auch Banken entwickeln sich zu Technologieunternehmen und kooperieren mit FinTechs, die am Markt handeln. Dadurch gelingt es Finanzinstituten ihre Wertschöpfungskette zu ergänzen bzw. weiterzuentwickeln.

Crowdfunding-Plattformen sind auch eine weitere interessante Entwicklung. Crowdfunding ist eine Form der Finanzierung, die den Aufruf der Unternehmen über das World Wide Web zu Beteiligungen oder Spenden von Internetnutzern beschreibt. Somit stehen Unternehmen alternative Finanzierungsmöglichkeiten zur Verfügung. Banken können ergänzend eine weitere Facette von Finanzierungen anbieten. Jedoch ist die klare Trennung zwischen Banken und Crowdfunding-Plattformen aufgrund des Beraterrisikos sehr essenziell.[93]

5.1 Wettbewerb

Der Markt verändert sich ständig. Aufgrund der Digitalisierung und der geänderten Kundenbedürfnisse werden Finanzdienstleistungen nicht mehr ausschließlich von klassischen Banken angeboten. FinTechs sowie andere digitale Plattformen bieten attraktivere Services und Produkte aufgrund ihrer Größe, Spezialisierung und Flexibilität aus Kundensicht, an.

Damit Banken auch in Zukunft erfolgreich sind, müssen sie über den Tellerrand blicken und sich nicht nur mit ihren traditionellen Wettbewerbern, sondern auch mit den neuen Marktteilnehmern vergleichen. Bankinstitute müssen FinTechs, Challenger Banken, den Einzelhandel sowie Technologieunternehmen, wie zum Beispiel Google, Amazon, Apple und Facebook als neue und ernstzunehmende Konkurrenten betrachten. Diese streben nämlich auch Banklizenzen oder -kooperationen an oder haben sie bereits erhalten. Für den Erfolg ist der richtige Partner entscheidend. Wenn traditionelle Banken mit FinTechs oder anderen digitalen Plattformen zusammenarbeiten, dann führt dies zu mehr Agilität. Des Weiteren ermöglicht es den Banken schneller neue Services am Markt anzubieten.

Junge und innovative Bankinstitute, wie zum Beispiel die N26 fordern große Universalbanken immer mehr heraus. Diese Bankinstitute werden auch Challenger Banken genannt. Sie setzen neue Technologien ein und bieten Produkte und Services, die vorher nicht

[93] Vgl. KPMG - Banking 2030 Österreich (2021) [Online]

dagewesen sind, an. Die von den Challenger Banken angebotenen Produkte und Services sind digital und personalisiert. In weiterer Folge sind neue Märkte, die für klassische Banken Chancen mit sich gebracht haben, entstanden.

Zukünftig wird vor allem das Kundenerlebnis im Mittelpunkt stehen. Als erfolgreicher Onlinehändler punktet Amazon durch den Fokus auf ein positives Kundenerlebnis. Das Interesse auch Finanzdienstleistungen über ihre Plattform anzubieten wächst kontinuierlich. Die Kundendaten sowie die Informationen über das Kundenverhalten, welche Onlinehändler besitzen, können zum Beispiel bei der Kreditrisikoprüfung bzw. dem Working Capital Management eingesetzt werden.[94]

5.2 Produkte und Dienstleistungen

Im Rahmen der KPMG-Studie sind Bankexperten der Meinung, dass eine proaktive Kontaktaufnahme und personalisierte Produkte immer wichtiger werden. Große Datenmengen und das Beobachten von Kundenverhalten sind eine Voraussetzung dafür. Das Kundenerlebnis steht im Vordergrund und Banken können jene Leistungen, die sie benötigen, anbieten. Treiber der Veränderung der Produkte und Dienstleistungen sind nicht nur die Digitalisierung bzw. die technologische Entwicklung, sondern auch die geänderten Kundebedürfnisse. Banken müssen versuchen im Vergleich zu den FinTechs wettbewerbsfähig zu bleiben. Eine Spezialisierung der Banken steigert die Effizienz. Auf diese Art und Weise kann spezifisches Know-How aufgebaut und am Markt angeboten werden. So können sich traditionelle Bankinstitute auch vom Mitbewerb abgrenzen.

Wiederholende Aufgaben und Servicetätigkeiten, die die physische Präsenz eines Mitarbeiters bzw. persönliche Beratung bedürfen, werden automatisiert oder ausgelagert.
Ein Beispiel dafür ist die Bargeldlogistik. Auch der Corporate-Bereich ist davon betroffen. Produkte, wie zum Beispiel Schuldscheindarlehen, werden mit Hilfe von Blockchain-Technologie standardisiert.

Auffallend ist, dass künstliche Intelligenz vermehrt eingesetzt wird. Bankberater werden durch Roboter, welche mittels künstliche Intelligenz Kundenbeziehungen aufbauen, ersetzt. Diese neuen Bankberater übernehmen das persönliche Finanzmanagement und liefern den Kunden Vorschläge. Daraufhin müssen die Kunden nur noch selbst entscheiden. Auch digitale Banking Services, wie zum Beispiel die Digital Wallet, gewinnen an Bedeutung. Kunden haben die Möglichkeit über eine einzige App Überweisungen durchzuführen, Einkäufe zu tätigen, Kundenkarten zu verwalten und Rechnungen zu bezahlen. Des Weiteren vereinfachen biometrische Daten die Nutzung dieser Apps. Die Technologie, die von Bank of America und Samsung entwickelt wurde, bietet Kunden die Möglichkeit sich mit einem Foto

---

[94] Vgl. KPMG - Banking 2030 Österreich (2021) [Online]

ihrer Augen im Online Banking anzumelden. Als HSBC-Kunde kann man sich sogar nur durch Blinzeln in die Kamera des Smartphones einloggen. Das Bezahlen wird im Allgemeinen immer einfacher. Zahlungsdaten sind bei den sogenannten Invisible Payments automatisch hinterlegt. Das funktioniert folgendermaßen: Ein Kunde betritt ein Geschäft und entnimmt ein Produkt. Sobald der Kunde das Geschäft verlässt, wird der Kaufpreis automatisch vom Konto des Kunden abgebucht.

Banken als One-Stop-Shop werden in der Studie als eine weitere mögliche Entwicklung genannt. Kunden erhalten Produkte und Services, die über das traditionelle Geschäft hinausgehen, von ihrer Bank. Beispielsweise schließt der Kunde bei einem Hauskauf nicht nur die Finanzierung und Versicherung ab, sondern bekommt die Möglichkeit, auch den Umzug zu organisieren und den Kaufvertrag erstellen zu lassen.[95]

5.3 Vertriebskanäle

Da die Digitalisierung voranschreiten wird, wird sie auch das Filialnetz als wichtigste Schnittstelle zum Kunden ablösen. Es ist wichtig mittels hervorragendem Service die Kundenzufriedenheit hoch zu halten. Die befragten Bankexperten glauben, dass die Anzahl von Filialen weiterhin deutlich reduziert wird, da eine physische Präsenz von Mitarbeitern teilweise nicht notwendig ist. Je nach Bedarf und Kundensegment ist die Vorortpräsenz nach wie vor erforderlich. Filialen werden von einigen Banken als Marketinginstrument gesehen. Die Filialen erregen die Aufmerksamkeit von bestehenden und potenziellen Kunden und helfen beim Markenerhalt. Es bestehen bereits Filialen, die vollständig digitalisiert sind. Beispielsweise reichen im Privatkundengeschäft auch reine Selbstbedienungsfilialen. Hier wird der Wunsch des Kunden nach einem Touchpoint erfüllt. Der Trend der Selbstbedienung sorgt dafür, dass es in Zukunft fast ausschließlich Selfservice-Filialen geben wird.
Der neusten Technologie entsprechende Geräte ermöglichen den Kunden alle Banktätigkeiten zu erledigen. Dieses Angebot wird durch Terminals mit Zugriff auf das eigene Online-Banking ergänzt. In One-Stop-Shops werden ihnen zusätzlich andere Produkte und Dienstleistungen zu Verfügung gestellt. Das aktive Channelmanagement ist dabei erfolgsentscheidend, da sich Kunden die Verfügbarkeit aller Kanäle erwarten. Je nach Art und Komplexität der Dienstleistung wird ein anderer Kanal bevorzugt. Es sind neue Kommunikationswege gefragt. Beispielsweise kann die Beratung für großvolumige Finanzierung künftig auch über Video-Calls bzw. Chats – die Beratungswege der Zukunft – erfolgen. Die Kunden bzw. die Berater haben die Möglichkeit themenspezifisch Spezialisten zuzuschalten. Die Erwartungen der Kunden an die Angebote steigen durch die zahlreichen technologischen Möglichkeiten. Einfache und verständliche Produkte, bei denen kein Erklärungsbedarf besteht, sowie Routine-Serviceleistungen werden auf Online- und Mobile-Banking umstrukturiert. Das bedeutet, dass die Bank immer und von überall für Kunden erreichbar ist.

[95] Vgl. KPMG - Banking 2030 Österreich (2021) [Online]

In der KPMG Prognose wird die Bank als eine Kommunikations- und Netzwerkdrehscheibe beschrieben. Finanzdienstleister und andere Dienstleistungsanbieter werden durch digitale Plattformen vernetzt. Somit können Kunden über nur einen Kanal, nämlich die digitale Plattform mit ihrer Bank in Verbindung treten. An dieser Stelle rücken Social-Media-Plattformen immer mehr in den Fokus.[96]

5.4 Betriebsmodell

Es steht fest, dass neue Technologien die Prozesse der Banken stark verändern. In der Zukunft werden Bankmitarbeiter zu IT-Spezialisten, Datenanalysten oder Kundenberater von spezifischen Produkten sowie Dienstleistungen. Standardisierte und monotone Abläufe werden durch die Kooperation mit Technologieunternehmen automatisiert und vereinfacht. Dies wird eine Reduktion der Anzahl der Mid- und Back-Office-Mitarbeiter verursachen. Banken haben die Möglichkeit ihr Geschäfts- bzw. Betriebsmodell über die gesamte Wertschöpfungskette neu zu entwickeln und die Vorteile von Blockchain, KI und Big Data einzusetzen. Um das Betriebsmodell neu ausrichten zu können, brauchen die Banken die erforderlichen Ressourcen, welche vor allem die IT-Systeme und das IT-Know-How betreffen. Die digitale Strategie für die Erneuerung des Betriebsmodells ist dann erfolgreich, wenn sie bereichsübergreifend abgestimmt ist. Die Berücksichtigung der unterschiedlichen Grade der Digitalisierung spielt dabei eine wesentliche Rolle. Laut der KPMG-Studie ist die Digitalisierung in den Bereichen mit Touch-Points fortgeschrittener als diese in den Back-Office-Abteilungen. Die Mitarbeiter für die Änderungen und neuen Aufgaben zu begeistern, wird ebenfalls eine der größten Herausforderungen im Change-Management. Das Change-Management ist ein wichtiger Faktor. Banken benötigen die Akzeptanz der Mitarbeiter für veränderte Betriebsmodelle und die Digitalisierung ist unbedingt notwendig. Es besteht viel Zeitbedarf die Mitarbeiter auf neue Prozesse und Roboterkollegen vorzubereiten.
Was die Regulatorik anbelangt, wurde der Höhepunkt bezüglich der klassischen Risikothemen, wie zum Beispiel das Risiko im Wertpapiergeschäft; erreicht. Weiterhin wird der Aufwand im Bereich der bankbetrieblichen Risiken, wie zum Beispiel IT-Betrieb und IT-Governance steigen.

Als wichtiger Innovationstreiber gilt die künstliche Intelligenz. Die Vereinigten Staaten und Kanada haben das große Potenzial erkannt, dass Prozesse in den Bereichen Regulatory, Compliance oder Reporting durch Nutzung von künstlicher Intelligenz automatisiert werden können. Beispielsweise kann die Auswertung eines Digital Footprint eines Kunden die Kreditrisikoentscheidung unterstützen.[97]

[96] Vgl. KPMG - Banking 2030 Österreich (2021) [Online]
[97] Vgl. KPMG - Banking 2030 Österreich (2021) [Online]

5.5 Neue Technologien

Die schnelllebige Technologieentwicklung macht eine langfristige Planung unmöglich. Geistige und technische Flexibilität sind im Bankensektor gefragter als zuvor, um eine schnelle und dynamische Reaktion auf die Herausforderungen zu ermöglichen. Es ist wichtig für Bankinstitute, dass sie zunehmend mit den neuen Technologien experimentieren.

In Zukunft sollten offene Systeme die Kernbankensysteme ergänzen und gleichwertige Kanäle darstellen. Aus diesem Grund wird es hier einen fortlaufenden Change-Prozess geben. Laut der KPMG-Studie Banking 2030 Österreich kann Österreich seine Größe als Vorteil nutzen, da sie ein relativ kleiner Markt ist und so als Testmarkt für neue Markteinführungen fungieren.

Das bestehende Geschäftsmodell wird durch Investitionen in Technologien beeinflusst. Wenn Prozesse digitalisiert werden, reduzieren sich auch die Tätigkeiten der Mitarbeiter. Digitalisierung spielt aus Kundensicht eine übergeordnete Rolle, da durch die digitale Transformation die Transparenz erhöht wird.[98]

5.5.1 Künstliche Intelligenz

Der Druck auf die Banken steigt aufgrund der neuen Wettbewerbern, dem technologischen Wandel, der verschärften Regulatorik und weniger Kundennähe zunehmend. Übergreifende Strategien hinsichtlich der künstlichen Intelligenz sind für den künftigen Erfolg ausschlaggebend, vor allem im Firmenkundengeschäft.

Die künstliche Intelligenz ist in unserem Alltag nicht wegzudenken und weiterhin auf dem Vormarsch. Seit Jahren arbeiten bereits E-Commerce-Anbieter, führende Internetkonzerne oder die Automobilindustrie an KI, damit sie ihren Kunden bessere Produkte sowie Services anbieten können. Nun hat auch der Finanzdienstleistungssektor das Thema KI für sich aufgefunden und versucht erste Initiativen mit einfachen Anwendungen, wie zum Beispiel Chatbots, zu entwickeln. In der Studie „AI and financial services – How to tackle the big buzz" wird dargestellt, wie Finanzdienstleister KI in ihr Geschäftsmodell erfolgreich integrieren können.

Bisher fokussierten sich KI-Lösungen der Banken oft nur auf das Privatkundengeschäft. Vorteile bieten sich aber auch im ertragreichen Firmenkundengeschäft durch den Einsatz von KI. KI-Anwendungen können im Privatkundengeschäft oder bei kleineren Firmenkunden gut eingesetzt werden, da sie vornehmlich standardisierte Produkte anbieten und die größeren Datenmengen vorhanden sind. Doch auch bei großen Firmenkunden, die bei

[98] Vgl. KPMG - Banking 2030 Österreich (2021) [Online]

komplexen Fragestellungen betreut werden, schaffen KI-Anwendungen neue Möglichkeiten. Somit können individualisierte, auf die Unternehmen zugeschnittene Produkte angeboten und objektive Empfehlungen abgegeben werden.

Im ersten Schritt ist es daher wichtig, dass KI-Technologien die Kundenberater unterstützen (Augmented Human Intelligence) und nachgelagerte Prozesse automatisieren. Erste Banken nutzen KI beispielsweise zu einer umfangreichen und schnelleren Auswertung von Datenräumen bei M&A-Transaktionen. Dadurch wird nicht nur Zeit gespart, sondern es reduziert sich auch die potenzielle Fehlerquelle. Das Auslandsgeschäft ist ein weiteres Beispiel. Mit Hilfe der KI können relevante Geschäftsaktivitäten erkannt und dem Kunden mögliche Währungsabsicherungsstrategien vorgeschlagen werden. Diese Aufgaben kann auch der Kundenbetreuer durchführen. Allerdings erfolgt dies mit einem wesentlich höheren Zeitaufwand.

Des Weiteren bietet die Nutzung von KI einen Vorteil, der nicht nur Effizienzsteigerung verspricht. Durch KI-Lösungen bekommen Banken ein umfangreiches Bild sowohl über ihre Kunden als auch über ihre Branchen. Firmenkundenbetreuer werden dadurch mit umfassendem firmen- sowie branchenspezifischen Know-How versorgt und sie haben die Möglichkeit ihre Kunden gezielter zu aktuellen Entwicklungen in der Branche zu beraten. Im besten Fall kann der Kundenbetreuer bedarfsorientierte Angebote machen, bevor sich der Kunde selbst mit diesem Thema auseinandersetzt. KI ermöglicht zum Beispiel die Analyse der Geldeingänge und -ausgänge, wodurch eine Prognose der Liquiditätsentwicklung abgeleitet werden kann. Weist der KI-Algorithmus durch Zusammenführung unterschiedlicher Datenpunkte auf einen finanziellen Engpass hin, kann die Bank frühzeitig ein passendes Kreditangebot unterbreiten. Daraus entsteht wiederum eine stärkere Kundennähe, die sich für Banken in einer höheren Rendite niederschlägt.

Finanzinstitute müssen sich über das Potenzial dieser Technologie bewusst werden, damit KI ein Erfolgsfaktor werden kann. Es empfiehlt sich daher immer die KI-Strategie klar zu definieren und sich zu überlegen, welche Einsatzmöglichkeiten für KI sinnvoll sind bzw. wie das Geschäftsmodell künftig aussehen soll. Für die erfolgreiche Umsetzung der definierten Strategie bedarf es einen ganzheitlichen Implementierungsansatz. Es ist wichtig, dass die Umsetzung der KI nicht nur von einem Bereich, zum Beispiel die IT getrieben wird, sondern die Implementierung bereichsübergreifend aufgesetzt wird.

Damit Banken den Anschluss nicht verlieren, müssen sie jetzt handeln. Die Geschwindigkeit der technologischen Veränderungen und die Wettbewerbsdynamik im Finanzsektor, vor allem durch branchenfremde Anbieter, wird künftig weiterhin zunehmen.[99]

[99] Vgl. Maus (2021) [Online]

5.5.2 Blockchain

Das Finanzwesen wird durch die Blockchain revolutioniert. Der Finanzsektor ist vor allem im Zusammenhang mit Kryptowährungen für den Einsatz der Blockchain geeignet. Darüber hinaus besteht durch private Blockchains auch für Banken und andere Gewerbe die Möglichkeit Daten und Werte in einem geschlossenen Bereich mit identifizierten Teilnehmern sicher zu übertragen und somit Betrug nahezu auszuschließen.[100]

Die Welt wurde im Jahr 2017 von Kryptowährungen in einem riesigen Hype überrannt. Anschließend kam die Korrekturphase, wo die Kurse einbrachen. Trotzdem sind Bitcoins und Co die Zukunft. Die Währung selbst ist nicht der Grund dafür, sondern die Technik.[101]
Der Begriff Blockchain tauchte somit zum ersten Mal im Zusammenhang mit Bitcoin auf. Experten erkannten bereits damals das Potenzial dieser Technik, welches über die Verwendung beim Nutzen von Kryptowährungen hinausgeht. Die Blockchain stellt nicht nur eine Alternative zu klassischen und zentralisierten Datenbanken dar, sondern verändert die Industrie und die Gewerbe enorm.[102]

Banken benötigen ein System mit dem nachträgliche Manipulationen von Daten unmöglich werden und Betrug somit vorgebeugt werden kann. Aus diesem Grund ist die Umstellung auf Blockchain-Technologien nötig. Momentan wird jeder einzelne Datenfluss durch Kontrollinstanzen gegen widerrechtliche Einflussnahme überwacht und kontrolliert. Allerdings ist kein System unfehlbar. Die Blockchain-Technologie könnte das ändern.[103]

Als dezentrale Datenbankstruktur werden Transaktionen nicht zentral auf einem Rechner erfasst, sondern auf verschiedene Computern, die auch als Nodes bezeichnet werden, gespeichert und aktualisiert. Eine zentrale Verwaltung der Blockchain ist daher nicht nötig. Abgelegte Informationen in der Blockchain können nur schwer entfernt werden, sodass die Manipulation nahezu ausgeschlossen wird. Die Blockchain ermöglicht eine hohe Transparenz und es lassen sich fast alle Transaktionen verfolgen. Somit ist die hohe Datensicherheit und Geschwindigkeit bei Transaktionen gegeben. Die Blockchain ist als System hinter den Kryptowährungen bekannt. Künftig wird die Möglichkeit bestehen verschiedene Transaktionsarten über die Blockchain abzuwickeln. Dadurch wird die Art und Weise wie Menschen Geschäfte in der Zukunft tätigen werden verändert. Denn diese Technologie ermöglicht es, Funktionen zu ersetzen, die aktuell noch den persönlichen Kontakt zu einer Bank erfordern.[104]

---

[100] Vgl. Schmitz (2020) [Online]
[101] Vgl. bankaustria.at (2021) [Online]
[102] Vgl. Schmitz (2020) [Online]
[103] Vgl. Schmitz (2020) [Online]
[104] Vgl. ingwb.de (2021) [Online]

In diesem Bereich hat die Zukunft bereits begonnen. Menschen zeigen großes Interesse zur Nutzung von Blockchains. Beispielsweise können Zahlungsverkehr und Wertpapierhandel damit schneller und sicherer und insbesondere kosteneffizienter gestaltet werden. Allerdings ist noch unklar, ob erhebliche Datenmengen und Transaktionen auf diese Art und Weise gespeichert und verteilt werden können. Bei verschiedenen Wertpapiertransaktionen müssten Geschäftsprozesse neu strukturiert und ausgerichtet werden. Dazu kommt noch, dass die Blockchain auf einem offenen Betriebssystem basiert. Banken dagegen garantieren ihren Kunden die Vertraulichkeit der Daten. Aus diesem Grund ist es wichtig, den unerlaubten Zugriff von Dritten sicherzustellen. Im Allgemeinen erfordert diese neue Technologie weitere Entwicklungen, doch das enorme Potenzial besteht.[105]

[105] Vgl. ingwb.de (2021) [Online]

6 Fazit

Eine Vielzahl von Einflussfaktoren hinsichtlich der Digitalisierung und deren Dynamik verstärken den Druck auf die Finanzdienstleistungsbranche. Dieser Strukturwandel kann nicht mehr abgewendet werden. Das Zitat „Banking is necessary, banks are not“, welches von dem Gründer des Technologieunternehmens Microsoft stammt, unterstreicht die derzeitige Situation im Finanzsektor. Vor vielen Jahren war für Marktakteure die Entwicklung, dass Unternehmen im Finanzsektor in deren Rolle als Finanzintermediäre obsolet werden, unvorstellbar. Disruptive Marktveränderungen wurden von der Vorstellungskraft nicht zugelassen, da die Ertragslage und die Geschäftsmodelle sicher und konstant waren.[106]

Weltweit müssen sich Finanzinstitute strategisch, organisatorisch sowie operativ neu aufstellen, um die Chancen der Digitalisierung erfolgreich nutzen zu können. Die Digitalisierung beschreibt den Paradigmenwechsel im Kundenverhalten und zeigt den wachsenden Wunsch der Kunden nach einer schnellen und weitreichenden Digitalisierung.[107]

Kernbanksysteme sind teilweise schwerfällig, sehr komplex und veraltet. Heutzutage sind Kunden zunehmend kritisch und erwarten automatisierte Prozesse, Entscheidungen, die schnell getroffen werden können und digitale Währungen. Bei Unzufriedenheit wechseln die Kunden zu einem anderen Anbieter. Damit Banken im Zeitalter der Digitalisierung nicht von aufstrebenden FinTechs abgehängt werden, müssen sie ihre IT modernisieren.[108]

Das Bankwesen wurde durch die Digitalisierung deutlich verändert. Die zunehmende Schnelligkeit der technologischen Entwicklung, Blockchain und Künstliche Intelligenz weisen auf weitere disruptive Veränderungen im Finanzsektor hin. Kreditinstitute als Intermediäre können von Blockchain überflüssig gemacht werden. Die Zukunft wird zeigen, inwieweit dies eintritt und, ob es sich um neue Ansätze des Bankings, die adaptiert werden müssen, handelt. Für einen Teil der Kunden wird künstliche Intelligenz das Bankgeschäft verändern. [109]

Die Vorstellung der Anwendungsfälle zeigen, dass Banken in verschiedenen Einsatzbereichen KI schon nutzen können. Das Potenzial der KI-Anwendungen ermöglicht eine richtungsweisende Verbesserung des Kundenerlebnisses. Personalisierte Produktempfehlungen und -lösungen sowie die andauernde Erreichbarkeit über Chatbots sind Beispiele dafür. Der Einsatz von KI-Technologien kann den Automatisierungsgrad erhöhen und zu bemerkenswerten Effizienzgewinnen in Back-Office-Prozesse führen. Aus diesem Grund sollten

---

[106] Vgl. Pommerening (2020), S.24
[107] Vgl. Digitalisierung im Finanzsektor (2021) [Online]
[108] Vgl. Geldinstitute (2021) [Online]
[109] Vgl. Jonietz u.a. (2018), S.380

Finanzdienstleister einen besonderen Fokus auf die Erfüllung der Voraussetzungen, die für die Anwendung von KI erforderlich sind, und auf die Sicherstellung der Datenqualität legen. Die Nutzung der technischen Möglichkeiten in Banken, die KI bietet, hängt von der Gestaltung des regulatorischen Rahmens ab. Abschließend ist anzumerken, dass jene Banken am stärksten profitieren werden, denen die Bereitschaft und der Aufbau der benötigten Kompetenzen für den Einsatz von KI am schnellsten gelingt. Das Potenzial für weitere Erkenntnisgewinne und somit auch der Wettbewerbsvorteil sind größer, wenn mehr nutzbare Daten über KI-Anwendungen generiert werden.[110]

Allgemein lässt sich sagen, dass der Tagesablauf der Menschen, das Kommunikationsverhalten und die Vernetzung von Märkten, Unternehmen sowie Kunden durch die fortschreitende Digitalisierung immer stärker beeinflusst wird. Aus diesem Grund gerät die Finanzbranche in einen Umbruch, da sich Kunden flexibler als bisher den besten Angeboten zuwenden und neue Produkte sowie Dienstleistungen erwarten. Zudem treten auch neue und agil handelnde Wettbewerber, die Kunden ein positives und umfassendes Erlebnis bieten, in den Markt ein. Daher ist es die Aufgabe der Bankinstitute ihre Strategien und Geschäftsmodelle anzupassen.[111]

---

[110] Vgl. Friedrich u.a. (2020), S.61

[111] Vgl. Deloitte Deutschland (2021) [Online]

7 Literaturverzeichnis

Bücher, Sammelwerke, Tagungsbände, Dissertationen etc.

Behringer, C. (2020): Digitalisierung und CSR in der Finanzberatung. In: A. Hildebrandt und W. Landhäußer, Hg. CSR und Digitalisierung, Der digitale Wandel als Chance und Herausforderung für Wirtschaft und Gesellschaft, 2. Auflage 2021, Berlin.

Jonietz, C./Mesch, S./Peters, A. (2018): Chancen und Herausforderungen der Digitalisierung in Banken und Sparkassen.

Pommerening, C. (2020): Bleibt das Banking auch in Zukunft Ihr Geschäft?,Wiesbaden.

Fesidis, B./Gupta, S. (2021): Künstliche Intelligenz im Bankwesen – Chancen und Herausforderungen personalisierter Kundenangebote, In: M. Seidel, Hg. Banking & Innovation 2020/2021, Ideen und Erfolgskonzepte von Experten für die Praxis, Wiesbaden.

Friedrich, L./Hiese, A./Dreßler R/Wolfenstetter, F. (2020): Künstliche Intelligenz in Banken – Status quo, Herausforderungen und Anwendungspotenziale, In: P. Buxmann und H. Schmidt, Hg. Künstliche Intelligenz. Mit Algorithmen zum wirtschaftlichen Erfolg, 2., aktualisierte und erweiterte Auflage 2020, Berlin.

Hanschke, I (2021): Digitaler Wandel - Lean & Systematisch, Disruptive und evolutionäre Innovationen ganzheitlich vorantreiben.

Kehr, H. / Gummersbach, J.M. (2020): Neue Ansätze im internationalen Firmenkundengeschäft. In: H. Kehr und J.M. Gummersbach, Hg. Internationales Firmenkundengeschäft von Banken, Grundlagen und Instrumente zur Kundenbindung, Wiesbaden.

Keck, M./Stoll, J. (2018): Digitalisierung der Bankfilialen vor dem Hintergrund neuer, strategischer Anforderungen im Privatkundengeschäft, Wiesbaden.

Zeitschriftenaufsätze

KPMG (2018): Banking 2030 Österreich, URL: https://publikationen.kpmg.at/banking-2030-oesterreich/c68561e2c42f5bf1c7030f542c6f53ad/studie-banking2030.pdf, Stand: 16.05.2021

Brandl, B. (2020): Ist Blockchain das Ende der Banken?, KZfSS Kölner Zeitschrift für Soziologie und Sozialpsychologie, URL: https://link.springer.com/article/10.1007/s11577-020-00716-w, Stand: 15.05.2021

KPMG (2021): Cyber Security in Österreich 2021, URL: https://publikationen.kpmg.at/cyber-security-2021/4458aa22b2ea8637773699413babfe27/cyber-security-in-oesterreich-2021.pdf, Stand: 07.05.2021

Erste Bank und Sparkassen (2021): ebspk-factsheet, URL: https://www.sparkasse.at/content/dam/at/spk-sgruppe/www_sparkasse_at/wir-ueber-uns/ebspk-factsheet.pdf, Stand: 06.05.2021

Berichte, Reports, Internetdokumente

Bitcoins & Blockchain (2021): Alles über Kryptowährungen, URL: https://www.bankaustria.at/blog-bitcoin--kryptowaehrungen-und-technik.jsp, Stand: 16.05.2021

Blockchain – Zukunft des Bankings?, URL: https://ingwb.de/de/themen/blockchain-die-zukunft, Stand: 16.05.2021

Deloitte Deutschland (2021): Die Zukunft der Finanzfunktion in Banken, URL: https://www2.deloitte.com/de/de/pages/financial-services/articles/zukunft-der-finanzfunktion-in-banken.html, Stand: 24.05.2021

Sparkassen (2021): Die mobile Bezahlrevolution geht weiter: Erste Bank und Sparkassen digitalisieren Kreditkarte, URL: https://www.erstegroup.com/de/news-media/presseaussendungen/2017/11/23/erste-bank-und-sparkassen-digitalisieren-kreditkarte, Stand: 06.05.2021

Die Wirtschaft (2021): Von Grund auf digital gedacht | Die Wirtschaft, URL: https://www.die-wirtschaft.at/die-wirtschaft/von-grund-auf-digital-gedacht-182778, Stand: 07.05.2021

Der Bank Blog (2021): Digitalisierung im Finanzsektor, URL: https://www.der-bank-blog.de/studien-research/studien-zu-banken-und-finanzdienstleistungen/digitalisierung-im-finanzsektor/, Stand: 24.05.2021

Finanzmagazin, I.T. (2020): N26: Auf diese Themen fokussiert sich die Digitalbank in nächster Zukunft, URL: https://www.it-finanzmagazin.de/n26-warum-shared-banking-fuer-die-digitalbank-in-zukunft-eine-groessere-rolle-spielen-wird-107146/, Stand: 07.05.2021

Geldinstitute (2021): Banking-Trends 2021 - aus Sicht eines Fintech, URL: https://www.geldinstitute.de/trends/2020/banking-trends-2021.html, Stand: 16.05.2021

Geldinstitute, NaNb (2021): Digitalisierung in Banken: Kein Platz für Couchpotatoes, URL: https://www.geldinstitute.de/trends/2021/digitalisierung-in-banken-muss-in-bewegung-kommen.html, Stand: 24.05.2021

Erste Bank und Sparkassen (2018): George wächst: Die PSD2-fähige Banking-Plattform der Erste Group zählt schon fast 2 Millionen Nutzer, URL: https://www.erstegroup.com/de/news-media/presseaussendungen/2018/01/15/george-zwei-millionen, Stand: 06.05.2021

Geschäftsbericht - VKB-Bank, URL: https://www.vkb-bank.at/zahlen-fakten/geschaeftsbericht, Stand: 25.04.2021

Geschichte der Raiffeisenlandesbank Niederösterreich-Wien, URL: https://www.raiffeisen.at/noew/rlb/de/meine-bank/unsere-werte/geschichte.html, Stand: 25.04.2021

Andrae, S. (2021): *Geschäftsmodelle im Banking*, URL: https://books.google.at/books?hl=de&lr=&id=XiDRD-wAAQBAJ&oi=fnd&pg=PP1&dq=gesch%C3%A4ftsmodell+in+finanzsektor+definition&ots=RhFGg2oFF8&sig=k9zMeH7FQJghm4gJQPqvfabdm40#v=onepage&q=gesch%C3%A4ftsmodell%20in%20finanzsektor%20definition&f=false, Stand: 15.05.2021

Halbjahresfinanzbericht 2020 (2020): URL: https://issuu.com/raiffeisenoberoesterreich/docs/halbjahresfinanzbericht-2020?fr=sMDlmYjlzNjE5MTg, Stand: 25.04.2021

Krämer, A. (2019): Digitalisierung – wie ein Megatrend die Wirtschaft verändert, URL: https://www.digitalbusiness-cloud.de/digitalisierung-wie-ein-megatrend-die-wirtschaft-veraendert/, Stand: 16.05.2021

Raiffeisen OÖ - Meine Bank (2021): *Raiffeisen OÖ - Meine Bank, URL:* https://www.raiffeisen.at/ooe/de/firmenkunden/digitalisierung-im-bankwesen.html?utm_source=google-adwords&utm_medium=text&utm_campaign=ooe_m_ao-digitalisierung_fk_2021&utm_content=digitalisierung&gclid=CjwKCAjwg4-EBhBwEiwAzYAls-vfJjK9U4vgayF6vQMq38QMaAp9xl5cl4ZZmvmBrJg3hXr0jmkXJvBoCLzsQAvD_BwE., Stand: 25.04.2021

N26.com: Über N26 (2021): URL: https://n26.com/de-at/ueber-n26, Stand: 07.05.2021

Erste Bank und Sparkassen (2021): Über uns, URL: https://www.sparkasse.at/sgruppe/wir-ueber-uns, Stand: 06.05.2021

Ernst & Young (2021): Was man vom Erfolgsmodell „Digitale Hausbank" lernen kann, URL: https://www.ey.com/de_at/banking-capital-markets-digital-innovation/was-man-vom-erfolgsmodell-digitale-hausbank-lernen-kann, Stand: 05.05.2021

Sonstige Quellen

Der Standard (2019): Österreichs Bankensektor im Umbruch: digital statt regional, URL: https://www.derstandard.at/story/2000097971013/oesterreichs-bankensektor-im-umbruch-digital-statt-regional, Stand: 06.05.2021

Die Presse (2021): N26 erreicht 7 Millionen Kunden und baut das Team um 200 Mitarbeiter aus, URL: https://n26.com/de-de/presse/pressemitteilung/n26-erreicht-7-millionen-kunden-und-baut-das-team-um-200-mitarbeiter-aus, Stand: 07.05.2021

gruenderszene1 (2019): Digital Native, URL: https://www.businessinsider.de/gruenderszene/lexikon/begriffe/digital-native/, Stand: 15.05.2021

Leichsenring, H.(2021): Der Bank Blog - Finanzinstitute wollen digitale Transformation vorantreiben, URL: https://www.der-bank-blog.de/finanzinstitute-wollen-digitale-transformation-vorantreiben/studien/37670099/, Stand: 05.05.2021

Maus, S. (2021): Der Bank Blog - Wie Künstliche Intelligenz die Bankenbranche verändert, URL: https://www.der-bank-blog.de/kuenstliche-intelligenz-finanzassistent/technologie/37676389/, Stand: 16.05.2021

Oberhuber, N.(2017): Fintech: Die Bank in deiner Tasche, URL: https://www.zeit.de/wirtschaft/2017-10/fintech-digitalisierung-bankensystem-veraenderung/seite-2?utm_referrer=https%3A%2F%2Fwww.google.com%2F, Stand: 06.05.2021

Schmitz, P. (2020): Die Blockchain revolutioniert das Finanzwesen, URL: https://www.blockchain-insider.de/die-blockchain-revolutioniert-das-finanzwesen-a-927206/, Stand: 16.05.2021

Wilk, J. (2021): Corona-Pandemie verändert das Finanzverhalten nachhaltig, URL: https://www.der-bank-blog.de/corona-pandemie-finanzverhalten/studien/37673640/, Stand: 24.05.2021

Breinich-Schilly, A. (2020): Transformationsdruck der Banken steigt, springerprofessional.de, URL: https://www.springerprofessional.de/en/bankstrategie/privatkunden/transformationsdruck-der-banken-steigt/18105252, Stand: 25.05.2021

Tarkowski, P. (2020): Bankensektor auf Digitalisierungskurs, URL: https://digital-magazin.de/bankensektor-auf-digitalisierungskurs/, Stand: 25.05.2021

Lebenslauf

SHEGA BEHLULI

shega.behluli@gmail.com

(+43) 677 634 226 12

linkedin.com/shega-behluli

PERSÖNLICHE DATEN

Geburtsdatum: 05.Juli 1999

Geburtsort: Wels, Austria

Staatsbürgerschaft: Österreich

ERFAHRUNG

BUCHHALTUNG – SWP STEUERBERATUNG GMBH

September 2017 – September 2020

WIRTSCHAFTSPRÜFUNG – KPMG LINZ

Seit Oktober 2020

AUSBILDUNG

VOLKSSCHULE 2 WELS

September 2007 – Juli 2010

BG/BRG SCHAUERGYMNASIUM – WELS

September 2010 – Juni 2017

FACHHOCHSCHULE STEYR – CRF
(Controlling, Rechnungswesen, Finanzmanagement)

September 2018 - Juli 2021

SUNY at Old Westbury, New York

August 2019 – Dezember 2019
Major: Business

SONSTIGES

SPRACHEN

Albanisch, Deutsch, Englisch, Französisch

WEITERES

Buchhalter 1 & 2 Kurs, Business Knigge Seminar, BMD NTCS, Excel, Microsoft Word, Power Point

More Books!
yes

Zeitfracht Medien GmbH
Ferdinand-Jühlke-Straße 7,
99095 - DE, Erfurt
produktsicherheit@zeitfracht.de

FSC
www.fsc.org
MIX
Papier | Fördert
gute Waldnutzung
FSC® C083411

Druck:
CPI Druckdienstleistungen GmbH
im Auftrag der
Zeitfracht Medien GmbH
Ein Unternehmen der Zeitfracht - Gruppe
Ferdinand-Jühlke-Str. 7
99095 Erfurt